AQUARIUS

AQUARIUS

AQUARIUS

AQUARIUS

Vision

一些人物，
一些視野，
一些觀點，
與一個全新的遠景！

別人怎麼對你，都是你教的

黃啟團（重量級心理學導師）◎著

（依姓名筆劃序排列）

強力推薦／

「別人怎麼對你，都是你教的！」適用於任何關係

經濟有經濟的規律，人性也有人性的規律，對於企業家來說，心理學是對經濟學很好的補充。黃啟團的新書《別人怎麼對你，都是你教的》是一本關於人性規律的書，如果改變不了大的環境和格局，這本書可以幫助你看清自己和他人的處事模式，規避人際關係方面的雷區，值得商界人士閱讀。

——**吳曉波**（知名財經作家／哈佛大學訪問學者／著作兩度入選《亞洲週刊》年度圖書）

人活在世上，除吃睡之外，不外乎做事情和與人交往。與人交往，包括同事、鄰里、朋友關係以及一般所謂的公共關係，也包括由性和血緣所連結的愛情、婚姻、家庭等關係。從一個人如何與人交往，尤能見出他的做人。

——**周國平**（作家／中國社會科學院哲學研究所研究員）

前言／任何一段糟糕的關係，必有你的一份「功勞」

無論你今天過得如何，只要你願意，你都可以變得更好。

這是我非常堅定的信念，因為在過去二十二年心理領域的工作經歷中，我見證了太多太多生命的改變，包括我自己。

在「升級生命軟體」的課堂上，我曾經遇到過無數處於迷茫、痛苦又無助階段的人。他們有的是為生活所累，感覺自己越努力卻越疲憊；有的是抱怨婚姻不幸、遇人不淑，不斷數落伴侶的各種不是；有的恨不得能把自己擁有的一切都給對方，卻還是得不到對方的愛；有的為了孩子的未來操碎了心，卻沒獲得孩子的理解和支持，本該幸福、溫馨的家也變成了衝突不斷的戰場；還有的從世俗逃到寺院，又從一座寺院逃到另一座寺院，卻還是想逃；甚至還有的因為受夠了這無望、痛苦的人生，抑鬱到想要結束生命……

他們中的大多數都問過我類似這樣的問題：

「我這都是為他好，為什麼他絲毫不領情？」

「我這麼努力愛他，為什麼他還是不愛我？」

「為什麼他老針對我？」

……

他們總以為，這一切都是別人的錯。

每當這個時候，我都會反問一句：**「那是誰把你自己逼到如此境地的呢？」**

我之所以會這樣問，是因為我在心理諮商的個案中發現了這樣一個規律：別人怎麼對你，都是你教的。比如在一段糟糕的關係中，任何一個讓你不舒服的伴侶、朋友、合作夥伴，這其中必有你的一份功勞。曾經值得託付終身的伴侶，如今卻變成了你口中的「渣男」；曾經簡單如一張白紙的孩子，如今卻調皮搗蛋不聽話；原本只是普通的同事關係、朋友關係，如今他們卻處處針對你、忽視你……為什麼會這樣呢？**有沒有可能是你把對方培養成今天這個樣子？**

生活中的每個人都是你我的一面鏡子，透過別人，我們看到的其實是真實的自己。我們之所以看到對方不好的一面，是因為，我們會把自己隱藏的內在投射到別人身上。遺憾的

是，生活中絕大多數人並沒有意識到這一點，不得不在黑暗中痛苦摸索，無助度日。每次看到這種情況，我都很痛惜、痛心。因為透過多年的經驗，我摸索到一些關於人的規律，也學會了一些讓人生變得更好的方法，這些方法已經在我的課堂上和諮商個案中驗證過，十分有效。可惜的是我個人精力有限，能走進我的課堂和向我諮商的人十分有限，因此，我希望透過這本書，幫助大家看清錯綜複雜的情感和情緒背後的真相，讓大家跟自己和解、跟關係和解，走出心靈的困境，活出生命的美好。

「別人怎麼對你，都是你教的！」這是心理學中的一句至理名言，適用於任何關係！

比如說，男人怎樣對你，是你從一開始就慣的、教他的；孩子不聽話、軟弱、不敢承擔責任，是你教育失當，從小寵的；朋友無視你、忽略你，也許是永遠沒有主見的你讓人習慣性地忽視你；同事不夠尊重你，拿你當軟柿子捏，也許是你畏首畏尾的樣子給了別人得寸進尺的機會……總之，我們每個人都在無意識中教會了別人如何對待自己，有的人教會別人尊重自己，有的人教會別人如何愛自己，有的人則教會別人如何傷害自己。

面對生活的種種困境，抱怨一點用處都沒有，與之對抗更會讓你泥足深陷。那怎麼辦呢？我們為什麼會陷入一個又一個的困境中？這跟我們的人生模式有關。所謂的人生模式，就是我們俗稱的「性格」或「習慣」，這些模式的背後，就是一個人的信念。信念決定一個人的行為，而行為會導致結果。**你今天所面臨的困境，正是過去行為所創造的結果，而這一切都是由你所擁有的信念決定。人們內心的種種痛苦、迷茫、失望、疲累等，都跟信念有關。我把這些決定一個人命運的信念比喻為「生命軟體」，這些軟體不改，生活就會不斷地**

重複過去的模式。

無論我們的人生是幸福的，還是痛苦的；是堅強的，還是懦弱的；是樂觀的，還是悲觀的；是充滿希望的，還是絕望的……這都跟我們內在的「生命軟體」的差異有關。人生，說到底，是內在軟體的外在呈現，「生命軟體」幾乎決定了一個人的一生。這些軟體一旦改變，會影響到個人、婚姻、家庭、事業等各方面。所以，活出全新的自己的第一步，應該從覺察並看見我們的內在模式開始，因為看見後，你就可以重新選擇你的下半生。

我接觸過面臨各種各樣人生難題和困境的案主。而我的工作就是讓他們看清楚這些事情背後的真相，當看見困境背後的模式後，他們因此而找到了不一樣的人生活法，生活也會因此而改變。

在這本書中，我結合這些個案，透過對案例的深入分析和探討，帶大家一起探索並「看見」案主當前的人生模式。人生的痛苦也許千差萬別，但內在的模式大同小異，比如悲觀模式、內耗模式、痛苦模式、假裝忙碌模式、目中無人模式、指責模式、受害者模式、操控模式、恐懼模式、焦慮模式等。從這些活生生的案例中，你也許能看到自己的影子，並覺察到自己正在「運行」的人生模式。

一個人只有看到了自己的模式，他才會自然地做出改變。這個過程，我把它稱作「升級生命軟體」。

這條路我自己走過，所以，我知道還有很多像我一樣經歷無明痛苦的心靈需要被喚醒！透過這本書，讓讀者的人生變得更加美好，這就是我寫這本書的最大心願。

每個生命都可以奇美無比，就像每個生命都可能平庸無奇一樣。關鍵在於，我們能否覺察並看見自己的人生模式，並為了追求更好的人生而做出不懈的努力。所以，當我們都在感嘆人生不如意、在抱怨命運不公之時，不妨問問自己：我是如何創造今天這一切的？我內在的哪種模式讓世界如此對我？

翻開這本書，也許書中有你要的答案！

最後，祝願大家都能活出生命的喜樂、稱心、享受和滿足！

黃啟團
二〇一九年五月

目錄

第二章 看見你的十二種情緒模式——修補你的能量漏洞

別人怎麼對你，
都是你教的

第三章

穿越關係的十道屏障
——別人怎麼對你，都是你教的

第四章

六個瞬間，一念之轉
——活出不一樣的人生

目錄

第五章
八項自覺，學會接納不完美
——遇見更好的自己

黃色的林子裡有兩條路，
很遺憾我無法同時選擇兩者。
身在旅途的我久久站立，
對著其中一條極目眺望，
直到它蜿蜒拐進遠處的樹叢。

我選擇了另外的一條，天經地義，
也許更為誘人，
因為它充滿荊棘，需要開拓；
然而這樣的路過，
並未引起太大的改變。

那天清晨，這兩條小路一起靜臥在
無人踩過的樹葉叢中，
哦，我把另一條路留給了明天！
明知路連著路，
我不知是否該回頭。

我將輕輕嘆息，敘述這一切。
許多許多年以後：
林子裡有兩條路，我——
選擇了行人稀少的那一條，
它改變了我的一生。

——**羅伯・佛洛斯特**（Robert Frost），〈未選擇的路〉（The Road Not Taken）

第一章

人生是一種選擇

——你的模式，決定了你的人生

你想要的人生，藏在你的「生命軟體」裡

人腦也會「中毒」？

有一次，在「升級生命軟體」課程簽到時，簽到電腦突然中毒當機，給學員們造成了不小的困擾。為了重新輸入學員的資料，我的同事加班直到深夜。

電腦系統會中毒當機，我在想：人腦會不會「中毒」呢？如果人腦「中毒」會怎樣？

某研究生從宿舍樓頂的天台墜亡。警方調查結論為自高處墜落死亡，排除他殺，不予立案。這件事讓我不由得聯想到某博士生跳樓事件。兩個孩子都是高學歷，屬於鯉魚躍龍門的優秀學子。但這兩個讓莘莘學子羨慕的天之驕子卻用這樣的方式放棄生命，未免讓人為之惋惜。

我知道一個人放棄自己生命的原因有很多，有外在的種種困難，也有內在不為人知的痛苦。我沒有權利去評價什麼，只是這些讓人心痛的事情引發了我的思考：如果電腦當機是因為病毒的攻擊，那一個人按下了生命的休止符，是否也和大腦「中病毒」有關呢？電腦到了當機這一步，已經是最差的結果，在未當機之前，想必已經給使用者造成了不小的困擾。那人生的種種困難，是否也是我們的大腦中了某種「病毒」所導致的呢？

決定生命高度的不是硬體，是軟體

電腦有硬體和軟體兩個系統。如果用它來做一個比喻的話，人的身高、長相、胖瘦等由遺傳基因決定的外在特徵，就是人的硬體。那什麼是一個人的軟體呢？

硬體通常是不容易改變、相對固定的部分；而**軟體是隨時可以更新、升級的。**每台電腦的外在構成都差不多，電腦與電腦之間最大的不同在於，它們安裝的軟體和硬碟裡所儲存的容量。人類也一樣，人與人之間，硬體都差不多，皆是由大腦、軀幹、四肢和內臟等器官組成。那人與人之間最大的不同是什麼呢？

有一次，我隨一位朋友去廣東佛山市，認識了一位養鵝的新時代農民。我也是農民出身，深知做農民的不易，不僅要擔心自然災害帶來的損失，還要擔憂市場價格的影響。讓我想不到的是，在聊到畜牧、養殖業的風險時，這位農民朋友卻非常喜歡價格的波動，因為她建了一個非常大的冷凍庫，每當價格變低時，她就把農產品冷凍起來，還大量收購別人賤賣的農產品，等到市場回暖時出售，這樣一來一回，就可以大大地賺上一筆。

同樣是市場價格的波動，有人害怕，有人卻歡喜，並能從中獲利。人與人的差別究竟在哪裡？我們再來看一個案例。

有不少家長反映因孩子玩遊戲而頭痛不已，並且因為控制孩子玩遊戲而產生了衝突，導致親子關係惡化，問我該怎麼辦。這讓我想起了我的老師——ＮＬＰ[1]導師張國維博士，他有三個兒子，三個都是博士，他的教育成果讓不少家長羨慕不已。他是如何教育出這些優秀的孩子呢？和許多孩子一樣，他的二兒子小時候也瘋狂地迷戀遊戲，但張博士沒有像大多數家長那樣指責和控制，而是和孩子一起玩，結果當然是輸給了孩子。就在孩子興奮的時候，他對孩子說：**「你打遊戲是很厲害，可是你打得過設計遊戲的那個人嗎？」**這個挑戰不得了，直接把兒子挑戰成了電腦工程系的博士，因為這個問題讓他的孩子從迷上遊戲，變成了迷上電腦。

同樣是面對孩子玩遊戲，有的家長頭痛不已，有的家長卻能利用孩子的興趣，激勵孩子成才。同樣是價格波動帶來的風險和不確定性，為什麼有的人感到「窮途末路」，有的人卻能看到新的商機呢？面對同一事件，不同的人，有不同的反應；這不同的反應，就直接決定了不同的結果——這些結果的累積就是我們俗稱的「命運」。那究竟是什麼決定了我們的命運呢？

一念之轉，生命從此與眾不同

很多人認為，是因為某件事引發了一個人的情緒和行為。但美國心理學家艾理斯（Albert

Ellis）提出的「情緒ＡＢＣ理論」（ABC Theory of Emotion）[2]認為：對於同一事件，不同的人會有不同的情緒和行為反應。並非事件本身引起了這種反應，而是人們對這個事件的不同看法，導致了不同的反應。看法在這個理論中被稱為「信念」。事件只是激發了我們的信念系統，讓它發揮作用。

「情緒ＡＢＣ理論」也可以解釋：為什麼面對同一件事情，人與人之間的表現各不相同？真正起作用的就是「Ｂ」——我們的信念。

信念是思想裡最關鍵的元素，它決定了一個人的行動方向，同時也間接決定了一個人活著的狀態。因為，信念決定了人的行動，不同的行動會導致完全不同的結果。

這也是美國心理學家費斯汀格（Leon Festinger）發現的一種現象。他認為：生活中百分之十的事情，是由發生在我們身上的事件決定；而另外的百分之九十，則是由我們對所發生事情如何反應決定的。換言之，生活中有百分之十的事情是我們無法掌控的，而另外的百分之九十是我們可以掌控的。所以，我們的信念，就是生命的軟體，它決定了我們的行為，可以影響我

[1]編註：ＮＬＰ（Neuro-Linguistic Programming）是一套實用的行為心理學技巧，結合心理學、神經學、語言學與人類感知，應用範圍廣泛，在輔導、教育、企業管理等各方面都有顯著效益。

[2]作者註：Ａ是指誘發性事件（Activating event）。Ｂ是指個體在遇到誘發性事件後，產生的信念（Belief），即他對這一事件的看法、解釋和評價。Ｃ是指特定情境下，個體的情緒及行為後果（Consequence）。

們做出那百分之九十的決定。

我們想要怎樣的人生，取決於我們生命的「軟體」——信念。有時候，一念之轉，足以改寫一生。我認識一個女孩，她原本想了斷自己的生命，後來因為張國維博士的一句話，她用自己的「翅膀」飛出了不一樣的天空。

這個女孩叫小艾，我認識她那一年，她正讀大三，擁有花季少女姣好的容貌。但命運跟她開了個玩笑，她得了視網膜退化的疾病。隨著視力一點一點地下降，她也漸漸心如死灰。「媽媽，**當我看不到這個世界的那天，就是我離開世界的那天。趁我的眼睛還看得見，我想好好看看這個世界。**」女孩留下了這樣一封讓人心酸的遺書，離家出走。她母親千辛萬苦找到她，不忍心看著她放棄自己的生命，「逼」著她來到了我們的課堂。

張博士語重心長地對小艾說：「看不見這個世界的光明，的確很痛苦。但生活中，有很多人會失去比雙眼更重要的器官，他們跟你一樣痛苦。像我們這樣身體健全的心理工作者很難理解他們的痛苦。而你不一樣，因為你經歷過這份痛苦。如果你願意幫助他們，這對他們來說意義重大。如果你願意學習心理學，你會成為一名正常人無法企及的心理師。」

這番話彷彿一束光，讓小艾看到了一線希望——原來自己活在世界上還是有價值的。後來她發現，她的視力雖然退化了，聽覺卻變得非常靈敏。經過學習，她現在已經是一名透過電話連線進行諮商的著名心理師。在她的努力幫助下，一個個跟她一樣經歷過生命最黑暗階段的人，走出了痛苦，重獲新生。

和電腦一樣，如果把人的信念比喻成軟體的話，人的軟體也分成兩類：一類是幫助我們人

生變得更好的操作系統，另一種是讓人生當機的「病毒」。小艾是幸運的，因為她遇到了可以幫她清除人生「病毒」的張國維博士。如果我們沒有辦法遇到像張博士這樣的貴人，我們該怎麼辦？

你的「生命軟體」升級過嗎？

那些不正確的信念之所以會存在於我們的大腦裡，是因為這些信念曾經幫助過我們，比如很多老人家掛在嘴邊的「晚上洗頭會頭疼」。在以前，人們習慣早睡，晚上洗頭只能用毛巾擦乾，枕著濕漉漉的頭髮睡覺，長此以往，頭痛是必然的。所以，在老一輩生活的那個年代，「晚上洗頭會頭疼」就是事實。但現在時代已經變了，家家都有吹風機，「晚上洗頭會頭疼」這個觀點就過時了。

在我們的大腦裡，有很多類似這樣的過時信念，這些信念曾經給過我們幫助，但現在卻對我們的生命造成了困擾。就像電腦軟體要升級一樣，我們大腦裡的軟體也要不斷升級。

要檢驗信念是否過時很簡單，只需看看你一直堅持的想法是否有效就行了。比如與伴侶爭吵時，你的想法是一定要贏。這個「一定要贏」的想法會帶給你什麼效果呢？對夫妻關係的維護是加分，還是減分？當你捫心自問時，你會發現，去吵贏自己的伴侶是一件多麼荒唐的事情，贏了爭吵，卻輸了關係。

你的信念決定你的行為，你的行為決定了你的結果。反過來，你今天生活的現狀，就是你

過去行為的結果；而行為底下，一定有一個支撐你這樣做的信念。你的信念不改變，你的生活就會重複過去的模式。只有換一種新的信念，你才會有新的行為，新的行為才能創造出新的成果，所以，要改變命運，必須從升級生命軟體開始。

每一個你「受夠」了的生命困局下，都有一個隱藏的病毒性信念。當你感到生活不如意時，不妨問問自己：

是什麼信念造就了今天這樣的困局？
是什麼想法讓我陷入這樣的困境？

把你大腦裡冒出來的想法一一寫下來，然後問自己：

這些想法讓我的生命變得更好，還是更糟？

電腦使用一段時間需要升級，人腦也不例外。

你的應對模式，決定你的人生

你的人生模式是哪一種？

古語有云：「人生在世，不如意事十之八九。」可見，我們每個人都會有遇到挫折和困難的時候。那麼，面對困難，你會如何做呢？

自推出心理學導師育成班至今，不知不覺已經有近四百人了，我為導師們建了一個微信群組，方便大家討論、學習和成長。這個群組由我親自管理，但無論我如何用心經營，一個近四百人的群組總是眾口難調。有一大晚上，有位導師私下對我說，有些人聊的話題他不感興趣，他感到很失望，要退出導師群組。我覺得可惜，因為這不僅是退群組的問題，而是一種人生模式的選擇。

當別人的觀點和自己的觀點不一致時，有些人會選擇放棄、逃跑；有些人會選擇和對方對罵。攻擊和逃跑，是我們遇到不同意見時，最常見的兩種因應行為；除此之外，還有一些人會選擇對困難視而不見，忽略它的存在，或者用大腦將它合理化。**「攻擊」、「逃跑」或者「忽略」，是人們處理問題的習慣性應對模式。**

這讓我想起了當年創業時期的一個股東。二十多年前，我曾與另外四位股東一起創辦過一家公司。其中一位姓張的股東非常聰明、有才華，我很欣賞。我們在當時做了一次大型論壇，請到了一些非常有名的經濟學家和企業家來做演講。遺憾的是，那一年是文化事業的低潮，我們虧了三十多萬。也就是在那個時候，這位最聰明、最有才華的股東退出公司，選擇了離開。之後每隔一段時間，我都會收到他因為去另一個地方工作而換手機號碼的訊息，直到後來杳無音信。

有些人真的很聰明、反應很快，可是遇到困難的時候，他的模式就是逃避。退出也許只是人生中的一件小事，但它透露了一個人的應對模式，**你今天會在這裡退出，明天就會在別的地方退出，因為沒有事情是一帆風順的。如果這個世界有盡頭，你總會退到退無可退的地方。**

而攻擊型模式的人，當遇到困難或不同的意見時，他會去批評、去指責，去找一個該為此負責的人，把責任推到別人身上，這樣，自己就像個成功者似的，從困境中解脫出來。這樣做雖然擺脫了自己的責任，卻於事無補，還處處樹敵。

做建設者，而不是抱怨者、逃跑者

那究竟是攻擊型好，還是逃跑型好呢？從心理學研究來看，攻擊、逃跑和忽略，是人類求生存的本能。打得過就打，打不過就跑，不能打又跑不了時，就忽略它的存在。事實上，這三種本能都不是最好的處理方式，只是動物求生存的本能。可我們人類是擁有智慧的生物啊！如果我們依然停留在這些原始的應對本能上，我們與一般的動物又有何不同？

那我們到底應該怎麼辦呢？我的做法是，面對困難，首先問問自己：我可以做些什麼來讓事情變得更好？做一名建設者，而不是抱怨者、逃跑者、袖手旁觀者。「建設者」無論能力大小，至少他是負責任的。當一個人能夠為一件事負起責任的時候，就離解決困難不遠了。

回到前面提到的，當你對微信群組感到失望時，身為群組裡的一員，你除了逃跑、攻擊或忽略它的存在之外，是否能拿出什麼建議來？或者你能否做些力所能及的事情，來提高群組成員之間溝通和交流的價值呢？

如果我們總是把一個群體的責任推給別人，那究竟誰才是該為此負責的人呢？

一個人的應對模式一旦養成，他在哪裡都會用同一種模式去因應。在婚姻、家庭裡也是如此。不信，你留意那些出現了問題的家庭，他們不是在互相攻擊對方，就是選擇離婚逃跑，或者是忽略問題的存在，貌合神離、冷漠地生活在一起。而那些幸福的家庭呢？一定有一方是建設者——為建設一個溫暖的家負起責任，遇到問題時，主動去解決。當然，最好是一家人都是建設者，同心合力地解決問題的過程本身就很溫暖。

「看見」，是為了更認識自己。

生活中的每個人都是你的一面鏡子，幫你照見你身上有、卻不承認的缺點。
所以，保持良好關係的祕訣就是：
看見對方的同時，看見自己；
要求對方做到的同時，自己先做到。
如果自己都做不到，我們又有什麼資格去指責、要求別人？

快樂或痛苦，只是你選擇的人生模式不同

人生七情，喜只占七分之一

前不久，我和一個朋友吃飯，他曾經是一家公司的高層，因和高層主管意見不合，總有種四肢被繩索緊緊捲裹的禁錮感，手腳無力伸展，生活苦悶無處消解。所以，他乾脆自己出來創業。

我看他氣色不好，人也憔悴了很多，一問才知道他現在創業的艱難和痛苦。雖然現在自己說了算，掙脫了原來上班的限制，可是，對於技術出身的他來說，創業後那些經營、財務、市場、合作等方面的事務，足以讓他焦頭爛額。

他的經歷，讓我想到了另一個人，我曾經面試過一家世界五百強公司的前銷售經理，我問他為什麼要離開這麼好的公司，要知道這是多少人夢寐以求的工作啊！結果他的回答讓我非常驚訝，他說：「在外人看來，這家公司的確是個好企業，光是名聲就無人不曉，只有我們內部人才知道，這家公司爛透了。」如果這樣著名的企業都爛透了，在他眼裡，我的公司豈非不可救藥？也許他真的很有才華，但這樣的人我真不敢聘用。後來聽說他換了一家又一家公司。但願他現在已找到一家不「爛」的公司。

工作如此，婚姻也如此。我遇過不少第二次婚姻諮商的個案，他們本以為在第一段婚姻中受夠了對方，換一個老公、老婆，人生就會更美好，沒想到新的婚姻又有新的痛苦。「後來公主嫁給了王子，從此過著幸福快樂的生活」，這是童話裡才經常出現的情節。**現實往往是，人們從一個火坑跳進了另一個火坑。事情好像在改變，然而，痛苦依然在延續。**

人生七情：喜、怒、憂、思、悲、恐、驚，喜只占了七分之一。大多數人都是在痛苦中度過一生。難道這就是生而為人的宿命？可是，為什麼總有些人活得富足、快樂？是他們命好？還是有一些不為人知的祕密？

怎樣才能離苦得樂？

在回答這個問題之前，我們先看一個故事。

有一個人，身患有疾，小便失禁，經常尿床，極度痛苦，於是找了個心理師治療。不久朋友見到他，問：「你的病治好了嗎？」

他：「治好啦！」

朋友：「你不尿床啦？」

他：「尿啊！」

朋友：「那你還說治好啦？」

他：「我現在尿床不痛苦啦！」

雖然很多人用這個故事來嘲笑心理師的無用，但在我看來，這個故事恰好說出了心理治療的真諦，心理師的價值就在這裡。

從這個故事可以看出，人的痛苦有兩種：一種是身體上的痛苦；另一種是心理上的痛苦。這個人身體有恙，導致小便失禁，這是身體層面的苦，是肉體的苦。因為飽受病痛折磨，心理上無法接受，就產生了另一種苦，這是精神層面的苦。這兩種苦並不是割裂的，它們往往相輔相成。肉體感知到的疼痛會導致精神上的痛苦；精神上的苦，反過來會加重身體的疾病，讓痛苦不斷發酵、加倍而至……那究竟是身體的苦導致心理的苦，還是心理的苦導致身體的苦呢？這就像先有雞還是先有蛋一樣，很難說得清楚。其實，這兩者互為因果，互相循環。

怎樣做才能離苦得樂？我的答案是：從你擅長的地方入手。如果你是位醫師，當然從身體入手消解痛苦。大多數人不是醫師，不妨從心理層面入手。就像前面提到的那位病人，如果他內

心充滿喜樂，即便是身體的疾病暫未療癒，積極、樂觀的心態，對疾病的治癒也是大有裨益。這就是所謂的「身病還需心藥醫」。就算無藥可醫，至少他可以活得開心點，難道不是嗎？

除了和身體疾病有關的痛苦，人生絕大多數的苦都跟身體無關。比如文章開頭舉的兩個案例，這樣的苦都是心理上的苦，或者叫精神上的苦。面對心理上的痛苦，我們該怎麼辦呢？

總有你沒意識到的好處，隱藏在什麼地方

有一次，我為一對夫妻做諮商。太太計劃性很強，處處都要按計劃行事。男方剛好相反，喜歡隨意，總是不按常理出牌，這讓太太苦不堪言。而太太的規則、計劃性，也讓先生感覺自己受困於牢籠，沒了自由。他苦悶、壓抑，不斷掙扎想要跳出來。雙方爭吵不斷，衝突重重。

我只做了一件事，就讓他們和解、破涕為笑。我問女方：「如果你看一部電影，電影裡的故事發展全在你的計劃之內，你覺得好看嗎？」答案當然是否定的。我又問她：「你這麼強調要有計劃，你是喜歡你先生按計劃送你鮮花呢，還是出其不意地收到代表驚喜的鮮花？」她笑了。其實她並不是真的一定要求先生凡事有計劃，她只是一邊享受不確定性帶來的樂趣，一邊抱怨不確定性給她帶來的麻煩而已。

男方也不例外。我問他：「你的個性如此隨意，如果沒有一位計劃性這麼強的妻子在身邊，你的生活會變得怎樣？」

「亂得一塌糊塗。」他有點不好意思地說。也就是說，他的痛苦來自一邊享受著太太的計

劃性給他生活帶來的好處，一邊又在抗拒著因為計劃需要付出的代價。這就是這對夫婦彼此不喜歡對方的個性，卻又無法分開的原因。事情的存在一定有其合理的地方，總有些你沒意識到的好處隱藏在什麼地方。

事情總是兩面的，有一利就會有一弊。當我們試圖抗拒那些弊端的同時，也會因此失去那些我們追求的好處。

人們習慣於看到代價，卻因此忽視了好處，這是人們心理上痛苦的原因之一。如果我們能夠反過來，先看到自己擁有的，並為此表達感恩，你得到的一定會越來越多，而需要付出的代價，也就能控制在可接受的範圍。就像那對夫妻，當我請先生對太太說：「謝謝你的計劃，讓我的生活有了保障。」同時請太太對先生說：「謝謝你的不確定性格，讓我的生活充滿了樂趣。」橫亙在他們之間的冰河瞬間消失。

因為快樂，所以富足

珍惜你擁有的，並表達感恩，這是消除心理上痛苦最有效的方法，沒有之一！

當然還有其他很多不錯的方法，比如美國正向心理學之父塞利格曼（Martin E.P. Seligman）透過大量的研究發現，活得開心、幸福的人和活得痛苦的人（塞利格曼稱之為「樂觀者」和「悲觀者」），他們的思維模式有著有趣的區別：

一、時間框架上的不同

對於不如意的事情，樂觀者會認為這是暫時性的；悲觀者則認為是長期的，甚至永久的。對於生活或工作上的好事，則剛好相反，樂觀者認為是長遠的，而悲觀者總認為那是暫時的。

二、獨特性與普遍性的區別

對於困難，樂觀者會認為這只是個別事件；而悲觀者則解讀為這是他人生的常態。對於那些好事，樂觀者會認為這是普遍性的；而悲觀者則以為那只是個別特例。

三、行為與特質的區別

對於取得的成就，樂觀者會把成就歸功於自己的特質，因為自己有能力，才會取得這樣的成就；而悲觀者認為，成就只是某個行為做對了的回報，跟自己的才華沒有關係。而對於所犯的錯誤則剛好相反，樂觀者會認為只是自己的某個行為造成的，只要加以改正，未來一定做得更好；而悲觀者卻認為，是自己能力不夠，是人的問題導致了這樣的錯誤。

從上述的研究可以發現，快樂，或者痛苦，只是你選擇的一種人生模式，與你所處的環境、擁有的財富並沒有太大的關係。相反地，如果你能改變你的內在模式，化悲觀為樂觀，你的環境、財富自然也會跟著改變，這就是為什麼我們總看到那些快樂的人比較富足的原因。並不是因為富有，他們才快樂，而是因為他們快樂，所以富有。

與其不斷更換工作、更換伴侶，不如試著更換一下你內在的模式。而更換模式，從感恩你現在擁有的一切開始！

每一次背叛，都隱藏著一顆受傷的心

科幻小說《三體》很流行，不同的人會從中讀出不同的味道。我是做心理研究的人，自然從心理學角度去分析、探討這部小說，尤其是關鍵人物「葉文潔」。這個為人類引來「死神」的高級知識分子，為什麼明知三體人會給人類帶來毀滅，卻仍然義無反顧這樣做？

ETO是小說《三體》中的一個地球叛軍組織，由葉文潔和人類中最優秀的一群精英組成。葉文潔是位智商超群的科學家，結果成了人類最大的叛徒。更可怕的是，人類中的叛徒遠非她一人。將他們凝聚在一起的信念就是：自己的同胞是邪惡的，無人能改變這種狀況，人類需要一個救世主來拯救這個世界，哪怕救世主是一個「死神」。毀滅，毀掉所有包括自己在內的人類，在她心裡是結束邪惡的唯一方式。

葉文潔和背叛者們有共同點嗎？有，在某一點上，他們是一類人，因為他們都背叛了自己

的同類。從心理學角度看，「背叛」也是一種模式。

「背叛者模式」是一種什麼樣的模式？

一個老闆曾向我訴苦說，他的公司裡有一位高層主管，剛進公司時能力一般，但有潛力，他親自帶他，用心栽培。經過幾年的發展，這個員工從一名小職員逐漸成長為高層主管，不僅掌握了公司的關鍵機密，在這個圈子裡也擁有了一定的話語權。可是，成長帶來的代價是，為人逐漸變得傲慢，眼睛都快要長到頭頂去了。

為了維持較高利潤率，公司決定開拓新市場。就在實施這項計劃時，這位高層主管百般阻撓，設下了重重阻力。老闆忍無可忍，找他談話，兩人產生了激烈的爭執，之後，這位高層主管便遞了離職信，很快跳槽進了競爭對手企業，利用原公司的資源和經驗，搶奪原公司市場。這位老闆向我講述這件事時，連說了三句「沒想到」。對這家企業來說，這個高層主管的行為，就是一種「背叛者行為」。

除了企業中存在背叛者，家庭中也存在。背叛者無處不在。

一位八十二歲高齡的老人，含辛茹苦養育了五個子女，卻沒有一個子女願意撫養她。女兒們說，她把財產留給了兒子，應該由兒子承擔撫養義務，但是兒子、兒媳卻拒絕接她回家。即使雙方對簿公堂，法院判決五個子女輪流撫養，子女們仍然不接納她，最後老人只能在安養院孤零零地，獨自一人默默地度過無人陪伴、無人照看、無人承歡膝下的垂暮晚年。

對父母來說，這樣的子女就是叛徒。如此行為，也是「背叛者行為」。

你可能會說，這些都是極端的例子，現實中背叛者畢竟很少。且慢，請你先看看身邊有沒有這樣的人：

一、身在一個組織或家庭中，不想辦法用自己的力量讓這個組織變得更好，而是一邊享用組織的資源，一邊卻做出對組織不利的事情。比如員工領著薪水卻不認真工作，還處處詆毀公司；比如父母含辛茹苦養大的孩子，對父母充滿了怨恨，父母年老後不履行撫養義務。他們一個個都覺得自己是「受害者」，「抱怨」是他們每日必修的「功課」。這一點的關鍵詞是「受害者」。

二、不相信可以透過自己的努力讓事情變好，而是希望別人來拯救自己。在這樣的人心中，他們永遠在渴望找到一個「拯救者」。這一點的關鍵詞是相信有「拯救者」。

符合這兩點，就是「背叛者模式」。生活中，這樣的人還少嗎？

沒有迫害，哪來傷害？

「背叛者模式」清楚了，那這種模式是怎麼形成的呢？它和智商沒有關係，和所處時代也沒有關係。那到底是哪裡出了問題？

《三體》中的葉文潔有幾個身分：大學教授、天體物理學家、地球三體組織ETO統帥、妻子和母親。然而，這幾個身分對葉文潔的影響都不大，因為她早已經給了自己一個身分，這個身分伴隨她很多年，她做的所有事情都是圍繞這個身分展開的。

在NLP理論中，身分對人的影響很大，因為它決定了一個人對自己的定位，決定了「你是誰」，你所做的一切事情都是為了去符合這個「身分」。

那葉文潔給自己的身分是什麼？很遺憾，這個身分既不是精英，不是師長，不是領袖，不是妻子，甚至也不是母親，而是一個受害者。受害者的內心深處有一種很深的無力感和絕望感，以及對被迫害的那段經歷無法排解的憤怒。這種無力感和憤怒會讓他們期望找到一種外在力量去依賴，所以他們無時無刻不在尋找一個「拯救者」，或者說「救世主」。一旦找到，他們會不顧一切去依附這種力量，向「救世主」證明自己的忠心，以免被「救世主」拋棄。可是，為什麼像葉文潔這類人，他們即使成了世界上最有影響力的人，也無法擺脫受害者身分？我想，根源大概是他們在成長過程中出現了問題。

心理學將人的成長過程分為以下幾個階段：

一、寄生期

零～七歲，這一階段因生存需要，在心理上會完全依賴父母及他人，表現了很強的順從性，自我意識基本沒有或很少。

二、依賴期

八～十四歲，自我已經開始發展，但由於能力有限，對別人還存在很強的依賴性。

三、叛逆期

十五～二十一歲，這是一個發展自我的階段，為了證明「我」的存在，經常表現很強的反叛性，有時甚至為了反對而反對，處處挑戰權威，非常注重自我感受，所以不太容易與人相處，特別是父母和權威。

四、成熟期

二十二歲以上，自我發展完善期，不再需要向別人證明自己，開始懂得和觀點不同的人相處、合作。

【寄生期】零～七歲：自我意識基本沒有，表現為順從。
【依賴期】八～十四歲：自我已經開始發展，表現為依賴。
【叛逆期】十五～二十一歲：發展自我的階段，表現為叛逆。
【成熟期】二十二歲以上：自我發展完善期，表現為接納自己。

心靈也是需要滋養的。如果一個人在每個階段都能獲得充足的心理養分，他的心理就會健康成長。遺憾的是，大部分的人並沒有按照這個發展階段順利地成長，很多人「卡」在了成熟期之前的某一階段。有些人三、四十歲了還做不了決定，心理上停留在了寄生期；一些人則剛好相反，凡是遇到和自己持不同觀點的就反對、見權威就對抗，這是典型的叛逆期心智模式。

我想，由於過往經驗的傷害，葉文潔卡在了第三階段，她的人格也被碾成了碎片，就算她擁有了「物理學家」、「清華大學教授」這樣高級的外在身分，在她的內心深處，她始終是個卑微的、需要保護的「受害者」，無法向成熟期邁進。當外星文明出現時，她終於找到了「救命稻草」，找到了尋覓已久的「救世主」，哪怕這個「救世主」會導致滅亡。

這就是隱藏在她優雅學者外衣下的叛逆——自己經歷了一段極度悲慘的遭遇，就要用另一種極端的方式報復一個群體。雖然迫害她的只是一小部分人，她卻要毀滅一個整體。背叛者模式形成後，這個人掌握的能力越大，毀滅性就越大。

沒有迫害，哪來傷害？其實，每個背叛者的背後，都隱藏著一顆受傷的心。人格，就像人體的骨架。有了骨架，肉身才能有所依附，才能構成一副好體格。人格，也是思想的骨架，沒有這副「骨架」，知識和技能就可能成為破壞者的幫凶。

所以，為人父母，在子女的教育上，除了灌輸知識，更應該關注孩子心智模式的成長，讓他們在每個心理成長期都健康地成長，讓他們建立起自尊與自信的人格特質，從人格上成長為一個成熟的人。這樣，他們長大後就會成為一名建設者，而不是破壞者，更不會成為受害者。

願這世上的每個人，都能被他人溫柔以待。

如果窮得太久，也許是你的錯

我們經常看到一個現象，很多企業家發達致富後，面對記者的採訪，他們都會雲淡風輕地說，自己的成功都是偶然，是因為運氣好等因素。可惜，大多數旁觀者會把他們的成功，歸因為其他方面的因素：因為人家老爸有錢或者有權，所以有錢；因為人家無惡不作，所以有錢；因為人家智商高，所以有錢……

在過去的二十年裡，我不斷觀察那些有錢人，發現除極個別的發達致富是因為上述因素外，很多人變得富裕並不是因為智商特別高，也不見得他們能力特別強，更不能說是運氣特別好，因為有不少人正是運氣不好才成為有錢人的。那他們究竟是怎麼成功的，又是如何成為有錢人的呢？

想知道答案，且聽我跟大家說個真實的案例。

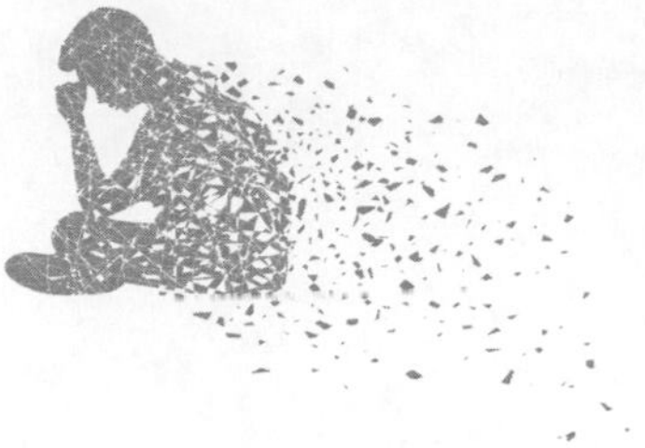

一件事情不斷重複，就是一個人的模式

我給一個四十多歲、叫莊原孟的學員做過關於金錢困惑方面的諮商。我從不為年輕人做這方面的諮商，因為年輕人暫時囊中羞澀很正常。我經常說：**窮，不是你的錯，但如果窮得太久，也許是你的錯。**

他說：「我做生意經常失敗，有時候辛苦好幾年賺的錢一下子就付諸東流了。我換過不少生意，一開始挺好的，但最後都不成功。團長你說得對，如果一件事情不斷重複，就是一個人的模式。我想看看在賺錢方面，我的模式哪裡出了問題？」

「在探討模式之前，我想知道，如果你真的變得很有錢，你想做什麼？」我說先不去探討模式，但其實我這個問題就是在探討他的模式。我故意這樣說，是讓他的意識層面對我降低抗拒。

「能買好多好東西啊！」

「還有呢？」

我問這些，就是想聽聽他關於錢的信念。一個人的處事模式，就是由一組信念所構成的。那些讓人受苦的信念，我們稱為「病毒性信念」。所謂升級生命軟體，就是透過催眠等心理學手法，去發現一個人潛意識裡的病毒信念，清除它，並植入新的信念。當一個人的信念改變了，他的行為、他的性格也會隨之改變，他的生活自然也會越過越好。

「有了錢就擁有了更多的自由，可以吃好、穿好、住好，還可以周遊世界。」他說。我知道這些都是意識層面的回答，而我想要探知他更深層次的潛意識。於是我繼續問他：「請你閉上眼睛，想像一下：假如你擁有了億萬資產，你會拿這筆錢去做什麼呢？」我讓他先假設自己擁有了想要的一切，以終為始，看看自己內心真正的渴求是什麼。

「我會選一個風光秀麗的地方，買一處幾百畝那麼大的莊園，裡面有別墅、有泳池、有農場，還有比基尼美女，好多好多人會去那裡玩。」隨著我的提問，這個神祕的豪華莊園漸漸揭開面紗。莊原孟臉上的表情告訴我，他正陶醉在這個豪華莊園夢裡。

「那些來莊園的人，他們看你的眼神是什麼樣的呢？」

「讚賞，驚嘆，有些人還會嫉妒我。」他閉著眼睛說。

「嗯，喝酒慶祝的時候，他們讚賞、驚嘆。那夜深人靜的時候呢？」

「晚上的時候，我一個人在房間裡，好像……有點孤單……這個房子太空了，他們走了，就沒有人了，有點寂寞……」

「你已經擁有了你想擁有的一切，為什麼還會感到孤單呢？」我輕聲問他。

他說不出話來。

「好好感受一下這份孤單感，聆聽它在跟你說什麼。你真正想要的是什麼呢？」他已經進入了深層的潛意識。

「陪伴……朋友的支持……還有愛……」他細聲道來，卻已不再是聲色犬馬的生活場景。

「我想有朋友在一起，得到他們發自內心的讚賞。」

「那當你擁有了一億、擁有了幾百畝的莊園、擁有了奢華的生活，你真的就得到了朋友的

讚賞了嗎？」

「不確定……」他喃喃地說。

是的，不確定，這才是關鍵。接下來我問了他一個極其重要的問題：「你憑什麼得到他們的讚賞？僅僅是你的莊園？你的財富？」

他久久說不出話。

當局者迷，旁觀者清。當我用位置感知法[3]讓他站在旁觀者的位置時，他一下子就看清了自己的模式。

我請他站起來，走到另一個位置，指著他剛才坐著的地方說：「你現在是莊原孟的好朋友，現在莊原孟擁有了億萬資產，坐擁那麼大的莊園，夜夜笙歌，你會真心讚賞他、支持他嗎？」

「不會。」他篤定地說：「他剛才說的話沒一句考慮到了朋友，只想到了自己，他自私！這樣的人想得到我的讚賞，他不配！」

「一個自私的人不配得到你的讚賞，那他配擁有那麼多錢嗎？」

「不配。」

「為什麼呢？」

[3] 作者註：「位置感知法」就是透過不同的角度去看待同一件事物，來獲得全新的視角、拓寬自己思維的廣度和寬度，增加選擇性，進而更加全面、有效地解決問題。

「因為他只關心他自己，就像團長您那本書的書名一樣——《只因目中無人》。這樣的人，誰願意跟他合作呢？他的客戶怎麼會支持他呢？怪不得他的生意總失敗。」

「你現在看清楚他的模式了嗎？」

「清楚了！」

「那你覺得他要怎麼改變，才能變得有錢？才能獲得朋友的讚賞呢？」

「他在幻想他的莊園的同時，要想到朋友啊！他快樂，會跟我分享快樂；碰到不開心的事，也會向我傾訴，這才是朋友。如果他心中真的有我這個朋友，不管他是否真有一億，我都會支持他……」

這一刻，莊原孟終於意識到，自己生意失敗，原來不是不夠努力，也不是能力不夠，而是他內心深處根本就沒有別人，因為目中無人，才導致生意一次次地失敗。

要想賺更多的錢，你得有足夠的「貝」

在漢字中，掙錢的「掙」字，左邊是「手」，右邊是「爭」。所以掙錢比較辛苦，要費心費力去與他人競爭，才能換來血汗錢。

而賺錢的「賺」字，左邊是「貝」字，代表資本和資源；右邊是兼併的「兼」字。所謂「賺錢」就是用你的資本和資源去兼併市場上的錢。賺錢，其實就是運用現有的資源去賺取更多的錢，而資源除了現金這個看得見的資源外，更重要的是人力資源，這就是古人一直強調

「得人心者得天下」的原因。

當一個人想著賺錢只為自己享受時，他如何能獲得別人的支持？沒有了團隊的支持，除非他真的是個天才，靠自己一個人的發明創造就可以獲得無盡的財富。

熟悉心理領域的朋友都知道，「壹心理」這個中國最大的心理學網站，現在擁有三千多萬用戶，每天影響著數以百萬計的人，是心理健康領域的標竿企業。投資「壹心理」的成功，是因為當年我被黃偉強（現任「壹心理」首席執行長）說的一句話給打動了：「心理學從業者生活都很辛苦，自己都活得苦哈哈的，卻心懷夢想要去幫助其他人。但自己都沒過好，又怎麼去幫助其他人呢？」他希望透過搭建一個網路平台，方便心理學從業者輸出健康、科學的心理學價值，為需要心理幫助的人提供有價值的心理學服務，幫助心理困頓者走出困境。他的格局和眼界打動了我，才促成了我對「壹心理」的投資。從今天「壹心理」的發展來看，我當初真的沒有看錯人。

這樣的例子比比皆是。我現在投資會首選那些心中有愛、目中有人的創業者，因為我知道，這樣的人能獲得更多人的支持，他們有足夠的「貝」去賺取市場中的錢。

莊原孟原來的想法是當他擁有足夠多的錢、擁有豪華莊園時，他就會得到別人的讚賞，獲得友誼，得到愛，這也許是這個社會絕大多數人的想法。只有那些踏實走過從沒錢到有錢這條路的人才會明白，當你真正得到別人的支持、讚賞、獲得友誼、得到愛時，你自然就會變得有錢。

目中無人，是莊原孟從抽離位置看清自己的模式。**「人」是最寶貴的資源之一。如果你真的想變得更有錢，試試從「目中有人」開始！**但願這篇文章能讓更多人看清楚自己的模式，從此走上一條富足的路。

當一個人能夠為一件事負起責任的時候，
就離解決困難不遠了。

面對困難，首先問問自己：
「我可以做些什麼來讓事情變得更好？」
做一個建設者，而不是抱怨者、逃跑者、袖手旁觀者。
「建設者」無論能力大小，至少他是負責任的。

活得累，也許是一種「遺傳」

為什麼有些事一再出現、不斷輪迴？

作家托爾斯泰說過：「**幸福的家庭都是相似的，不幸的家庭卻各有各的不幸。**」世間不幸有萬千種，其中一種叫作「父母不幸，所以我不幸」。

郭時蕾就是這樣一位女士。她是我的學員，一頭烏黑亮麗的長髮，戴著副眼鏡，穿一件白色的T恤，給我的第一印象是聰明、能幹。那天，她積極主動要求做諮商。

可是當她坐在我面前時，眼圈微紅，我能感知到她積極上進的外表下，內在那份沉甸甸的疲憊。果然，當我問她要做什麼諮商時，她說：「我太累了，換了好幾份工作，工作量都很大，

主管總是把大量的工作交給我，而我的同事都很輕鬆。回到家裡也一樣，所有的家務都是我在做，老公在家裡什麼都不做，只會看手機。我不知道自己還能撐多久，感覺快要崩潰了。」

這一問，她內心的苦水就像決堤的河水一樣，傾倒而出。我大概明白怎麼回事了，於是我向她確認：「聽你這樣說，不管是在公司，還是在家裡，最辛苦的人永遠是你，而你身邊的人都很輕鬆，好像所有工作都落在你身上。你換了好幾份工作，這種狀況都沒有改變，是這樣嗎？」

「是的，就是這樣。」她頻頻點頭。

「你有沒有想過，這一切都是你自己造成的？也許換個老公，情況也一樣。」我半開玩笑地問她。

「這個倒沒想過，可能跟我的性格有關吧。我看到一些事情沒人做就受不了，我不明白為什麼我老公可以忍受家裡亂糟糟的，也不收拾一下。有時候我出差幾天回來，家裡簡直變成垃圾場了，說也說過，罵也罵過，可是一點用處都沒有，收拾工作最後還是落到我的身上……」

她一直在抱怨別人，可是我在聽她不斷抱怨時，分明感覺到她隱藏在抱怨下面的一點點自豪。

別人怎麼對你，都是你教的。不管工作還是生活，郭時蕾總是很忙、很累，工作換了好幾份還是一樣，我猜就是換個老公，她的生活也不會有所改變。她之所以會這樣，是因為她的內在模式導致的。**所謂模式，就是那些一再出現在你生命裡、不斷輪迴的事情，是一個人固有的行為、思維、情緒反應等的統稱。**

在我的記憶裡，把「模式」詮釋得最好的，是一首叫〈人生五章〉（出自《西藏生死書》）的小詩：

第一章

我走在大街上，人行道上有一個深洞，我掉了進去。

我迷失了，我絕望了，這不是我的錯，我費了好大勁才爬出來。

第二章

我走上同一條街，人行道上有一個深洞。

我假裝沒看到，還是掉了進去。

我不能相信我居然會掉在同樣的地方。

但這不是我的錯，我還是花了很長的時間才爬出來。

第三章

我走上同一條街，人行道上有一個深洞。

我看到它在那兒，但還是掉了進去……

這是一種習慣，我的眼睛張開著，我知道我在哪兒。

這是我的錯，我立刻爬了出來。

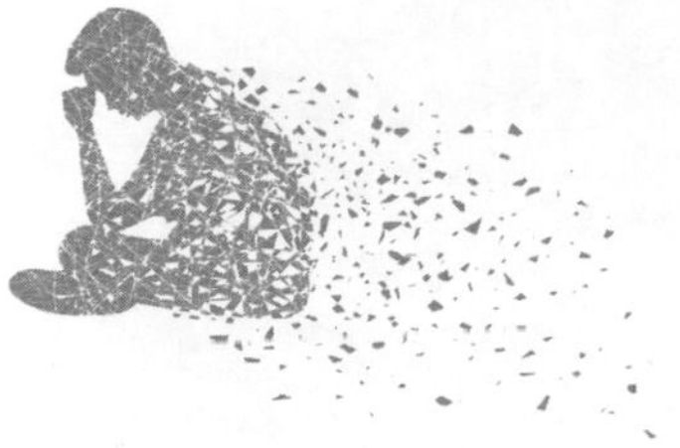

第四章
我走上同一條街，人行道上有一個深洞。
我繞道而過。

第五章
我走上另一條街。

讀完這首小詩，再看看郭時蕾的情況，我想各位聰明的讀者，已經很清楚地看到她一次次掉下去的那個「洞」了。我的工作就是讓她自己也看到，然後從第二章走向第五章。於是，我繼續深入探索她的模式。

「回顧以前的工作經歷，你總是那麼累，總是去做很多事情。再看看你的家庭生活，也是一樣，好像哪裡少了你都不行。當你想到這些，你會有什麼樣的感受呢？」我不喜歡與案主在頭腦層面對話，因為聰明的大腦總會找很多理由來證明他現在的一切都是對的，這叫作合理化。我比較喜歡帶領案主進入他的感受，因為感受會帶我們看到更多的真相。

「很累，很疲憊……」

「你一邊說著很累、很疲憊，可是你卻一直讓自己處於這樣一種你不想要的狀態，這一定會帶給你什麼好處吧？如果其中有好處的話，會是什麼呢？」我當然知道這種狀況能帶給她價值，只是我不能告訴她，要讓她自己覺察。

她沉默了好一會兒，然後用一種懷疑的語調說：「我不知道，我看到一些事情沒人做時，我就會忍不住去做，做完之後，我心裡就舒服了，從小就是這樣。這是不是你說的價值呢？」

改變，從你看見自己的模式時開始

一個不斷重複的行為，一定有著隱藏的好處。如果一件事情沒有好處，一個人是不會這樣長期去做的。她提到**「從小」**這個關鍵詞，順著這個點，我想試著從她的原生家庭尋找答案。

「你說從小就這樣，你能告訴我從小就怎樣嗎？」

她沉默了好一會兒，看了看窗外說：在她的童年記憶裡，父母都非常辛苦，他們起早貪黑地工作，總是很忙碌，所以她從小就很乖，很自覺地主動找點事做，這樣心裡就會好受一點。

看到這裡，我想讀者已經大致明白了她為什麼一直在忙碌，總把自己弄得那麼累了。但郭時蕾自己還沒看到，當一個人能夠看到自己的模式時，他才會自然地做出改變。我讓她在現場選了兩個同學，分別扮演她的爸爸和媽媽。

為了更生動地還原這一幕，我靈機一動，請台下的學員把他們那些五彩斑斕、款式各樣的包包，分別掛在郭時蕾爸爸、媽媽的扮演者肩膀上、手臂上。於是，台上呈現了非常震撼的一

幕：一大堆各式各樣的包包掛滿了郭時蕾爸爸、媽媽的全身，壓得他們快要站不穩。看到這一幕，郭時蕾頓時哭成了淚人。

「當你看到他們那麼累、那麼辛苦，你內心是怎樣的感受？」我小聲問她。

「我心裡很難受，很想為他們分擔一些。」她一邊哭，一邊去拿掛在媽媽身上的包包。

「不行！他們有他們那一代人的命運，你無法替他們背負重擔！」我制止了她的行動，然後問她：「當你看到他們這麼辛苦，你心裡是不是非常不安？」

「是的，我心裡很難受。」她啜泣著說。

接下來，我又請台下的學員幫忙，把他們的包包像剛才那樣掛滿了郭時蕾全身，直到無法再掛為止。我留意到此時的郭時蕾已經停止了啜泣，明顯沒有剛才那般傷心和難過。

「現在感覺怎麼樣？累不累？」我問她。

「累！但是心裡舒服多了。」她的話讓全場學員驚訝，但我一點都不覺得奇怪，我知道這就是她的內在模式。現在，郭時蕾終於知道了，剩下的改變，我就交給她了。

「你現在明白為什麼自己這麼累了嗎？既然這樣子你會心安，那我們就讓你一直這樣下去好了？」我看著站在一旁沉默的郭時蕾，調侃地問。

「不要！我不要這樣下去了，這樣大家都累，對父母也沒有好處，我幹麼這麼蠢？」

「那該怎麼辦呢？」我問她。她的人生，只有她自己可以作主。我的工作就是讓她看清楚一些事情的真相，當她看清楚事情的真相後，她自然會找到解決方案。

你沒有太多能量背負他人的命運

接下來的對話，我就不一一描述了。我能告訴各位的是，諮商結束後，我看到郭時蕾深深地呼出一口氣，從她那堅毅的臉上，我看到了放鬆之後的柔軟。

設想：有一天，公司老闆表揚你，給你加薪，你特別開心，於是你一路哼著歌回家，本想和爸爸、媽媽分享那一份喜悅，可是推開門的一剎那，你看到爸爸、媽媽滿面愁容、憂心忡忡的樣子。這時，你還敢開心嗎？**父母不開心，子女通常不敢開心，因為子女對父母都有著深深的愛，這種愛會讓他們用行動去表達對父母的忠誠，哪怕這種忠誠是多麼的「愚蠢」。**

約翰・藍儂曾經說過：「當我們正在為生活疲於奔命時，生活已離我們而去。」每一個父母都希望看到孩子青出於藍而勝於藍，都希望孩子過更好的生活，而不是像他們那一代那樣疲於奔命。是時候跟自己說：只有我活得更好，父母才會心安。過好你的人生，活出最好的自己，才是送給父母最好的禮物！所以，從今天開始，為自己而活，而不是為父母而活，你並沒有太多能量背負他人的命運。

一個出家人的「心靈回家」之路

哪裡才是你的伊甸園？

你是不是經常會冒出這樣一個想法：如果我能逃離現在的婚姻、家庭、公司、國家，甚至塵世，換個環境該有多好啊？可是又沒有勇氣付諸行動。人們總會抱怨自己所處的環境不夠好，幻想著能有一處屬於自己的伊甸園。如果看完了塵的故事，或許你會有不一樣的想法。

了塵是第一位出現在我課堂上的女出家人，端莊秀麗，身穿僧衣的她格外引人注目，當然也引起了我的注意。我對一位出家人為什麼會來上心理學的課程充滿了好奇。所以當她舉手想要做諮商個案時，我毫不猶豫地選擇了她。

我一直認為，佛法博大精深，出家人早已看破紅塵，放下執著。我不明白了塵為什麼還需要學心理、做諮商？於是我問她：「你有什麼難題呢？」她說，她沒什麼朋友，總覺得寺院裡的一些師父很難相處，也不知該如何相處。她換了好幾座寺院，情況都一樣，心裡很痛苦。一個偶然的機會，她看了我的書，覺得很有收穫，所以想讓我幫她做諮商。

我完全沒想到一個出家人也會有這樣的困擾，我不知該如何去幫助一位出家人，所以只好把她當成一般人來看待了。

帶著好奇，我邀請她上台。我問她：「當你從一座寺院換到另一座寺院，發現裡面的師父都不大好相處時，有什麼樣的感受呢？」她說：「很無助，很害怕，感覺自己無依無靠，總希望下一座寺院的情況會好一點，但總是很失望。」

我知道有不少人會從一家公司換到另一家公司、從一個單位跳到另一個單位，也有人從一段不如意的婚姻換到另一段婚姻，但沒想到一位出家人也會從一座寺院換到另一座寺院。**其實，這都是一個人的行為模式，只是表現形式不一樣而已。**

我接著問她：「在成長的過程中，有沒有出現過類似的場景：覺得現狀不夠好，總想換一個環境，可換了之後依然不如意？」

了塵沉默了好一會兒，我看到眼淚從她眼角湧了出來。她說，小時候爸爸經常打她，也打媽媽，她總想逃離那個家。八歲那年，她被送到外婆家，跟著外婆一家人生活，她終於離開了那個讓她害怕的地方。最初過了一段好日子，可是好景不長，因為父母沒給舅媽生活費，舅媽經常罵她，每每那個時候，她都感覺自己像無根的浮萍，漂泊無依，特別無助。

每個行為背後，一定有其正面動機

聽到這裡，我大致明白了箇中緣由——逃，已經成為她人生的模式。

為了讓了塵覺察到這一點，我運用了心理劇的手法，請幾位同學分別扮演她的父母、外婆、舅媽，還有寺院裡的師父。我帶著了塵的扮演者從父母的家裡逃到外婆家，再從外婆家逃到寺院，然後又從一座寺院逃到另一座寺院，不管到哪裡，總有人用手指向她、批評她。

看著這一幕幕人生的重演，了塵已經泣不成聲。她哭泣著向我說，這個世界上沒有自己可以依靠的人。當她找人問路，別人不告訴她時，她甚至都會覺得對方是看不起自己，是討厭自己，感覺自己快要崩潰了！那一刻，我感覺到整個教室的空氣裡都彌漫著她的委屈與無助。

我抬頭望著台下六百多個學員，問道：「你們中間有沒有人不喜歡了塵呢？」偌大的會場，有三個同學不約而同地舉起了手。我轉頭對了塵說：「你看，這裡也有人不喜歡你。」

「我知道，到哪裡都會有人不喜歡我。」她更加崩潰了，低下了頭，不敢看我。我請她抬起頭來，看著我的眼睛，然後一字一字、非常有力地問她：「別人喜不喜歡你，我不知道，我比較感興趣的是，你自己是否喜歡你自己呢？」

她沉默了好一會兒，搖了搖頭，淚水奪眶而出。

「**如果連你自己都不喜歡你自己，你如何能指望別人喜歡你呢？如果連你自己都看不起你自己，你又指望誰能看得起你呢？**」我盯著她的眼睛，緩緩地問她：「而且，你又怎麼知道別人不喜歡你呢？」

我把目光轉向台下的學員，問大家：「有喜歡了塵的朋友嗎？請舉手。」台下絕大多數同學都把手舉了起來。我對了塵說：「看到了嗎？**有不喜歡你的，同時，也有喜歡你的，可你為什麼總把目光放在那些不喜歡你的人身上呢？**我們再來看看那些不喜歡你的人，他們是如何想的。」我讓工作人員將麥克風遞到剛才舉手說不喜歡了塵的一個學員手上，問他為什麼不喜歡了塵。他說：「我討厭她遇到問題就躲，太懦弱了！」

我知道，每一個行為背後，一定有其正面動機。於是我問那個學員：「那你希望她怎麼做呢？」

「我希望她堅強一點，勇於面對困難，而不是遇到困難就逃。」

這時，一旁的了塵已經無法安靜下來，她搶著說：「我明白了，團長！其實批評我的師父平時待我也挺好的，只是當她們批評我時，我總會覺得她們不喜歡我、瞧不起我，就總想逃避。看來這是我一直以來的一種習慣。我該怎麼辦呢？」

除了自己，又有誰能拯救你？

從了塵的故事中，我們可以知道：小時候父母打她，她逃到外婆家；在外婆家，舅媽罵她，她又想逃回去；長大後，覺得家裡待不下去，就選擇了出家，可是在寺院裡也有師父批評她、不喜歡她，於是她又從這個寺院逃到另一個寺院。漸漸地，「逃避」，就成為她和外部世界互動的一個固定模式。只要遇到問題不想面對，或者不知道如何面對，她的潛意識就會讓她

選擇逃避。逃避的原因是她把自己看成是受害者，總希望有一位拯救者能救她出苦海。

可是，除了她自己，又有誰能拯救她呢？

於是我對她說：「你已經明白了逃避是你的模式，而這種模式已經讓你深受其苦，我猜在你的共修中，有不少像你這樣因為逃避而出家的，她們跟你一樣，也在受著苦，煎熬度日，你願意去幫助她們嗎？還有那些罵你的師父，她們心裡也許是有很多苦才會罵你。佛法普度眾生，你為什麼不用心學佛，去幫助那些需要你幫助的人呢？」

「是啊，我以前怎麼沒有這樣想呢？」她一下子精神起來了，「團長，你讓我明白了，心理學也可以幫到像我這樣的人。可是我暫時能力不夠，你能再送我一些課程嗎？我學完之後，也要像你一樣去幫人。」我瞬間感受到了她的力量，我知道她已經從「受害者」的模式中走了出來。我還需說什麼？只有用實際行動去支持她的成長了。

很多時候，我們也會和了塵一樣想要逃，想逃離一份工作、一份感情、一個家庭，甚至，想逃離一個國家。可不管我們逃到哪裡，總會有人不喜歡我們，總會有人和我們的意見產生分歧，總會有人批評或指責我們，環境總會有不如意的地方。面對不如意，我們當然可以選擇逃避。可是，了塵從世俗逃到了寺院，卻還是想逃。到底逃到哪裡，才是我們理想的伊甸園？真的有那麼一個處處如意的伊甸園嗎？我想，**如果把自己看成「受害者」，逃到哪裡，結果都一樣。**

除了選擇做受害者，不斷逃避，為什麼不選擇當建設者呢？能拯救自己的，最後還是自己！成為自己的建設者吧，當你成長了、有力量了，我相信，透過你的努力，人人處處可以建成伊甸園。

你不知道給你選一份禮物會那麼艱難。
似乎什麼都不合適。
為什麼要送黃金給金礦，或水給海洋。
我想到的一切，
都是像帶著香料去東方。

給你我的心臟，我的靈魂，無濟於事，
因為你已擁有這些。
所以，我給你帶來了一面鏡子。
看看你自己，記住我。

——**魯米**（Rumi），〈給你的禮物〉

第二章

看見你的十二種情緒模式

——修補你的能量漏洞

羨慕與嫉妒——誰偷走了你的幸福？

物質貧乏，但他們最幸福

說到幸福，一定繞不開不丹。

不丹，被譽為全球幸福指數最高的國家之一。我幾年前去過不丹，發現那裡除了山清水秀之外，物質條件相當貧乏，大多數人的生活都很清貧，但從他們那清澈的眼神和純真的笑容中可知，他們的幸福感真的很高。

再看看許多別的國家，在物質高度豐富的今天，大多數人卻過著焦慮的生活，就算那些先富起來的人也不例外，他們的焦慮感甚至高過普通人。

為什麼我們的物質條件比不丹優越，幸福感卻遠不如不丹人呢？

這個問題並不難回答。曾經，一篇題為〈你的同齡人，正在拋棄你〉的文章引起瘋狂轉傳，網友為此寫了個故事：

溥儀三歲登基，你的同齡人，正在拋棄你。

項羽二十四歲率兵起義，你的同齡人，正在拋棄你。

馬克・祖克柏三十四歲身家八百億美元，你的同齡人，正在拋棄你。

科技富豪馬化騰四十七歲身家四百億美元，你的同齡人，正在拋棄你。

比爾・蓋茲六十歲身家八百億美元，你的同齡人，正在拋棄你。

李嘉誠九十歲身家三百億美元，你的同齡人，正在拋棄你。

……

無論你今天過得如何，總有人比你更優秀。一旦你的內心開始競爭和比較，你就很難不焦慮，於是，拚命往前趕就成了大多數人的生活狀態。如此生活，又怎能幸福？

中國有句古話叫「不患寡而患不均」，比較，讓我們產生焦慮。我曾經認為，不丹人今天之所以幸福指數高，是因為不丹人現在的生活狀況大致差不多。所以，我曾問過不丹前總理吉美・廷禮這樣一個問題：「如果不丹有一部分人先富起來了，不丹的幸福指數會不會受影響？」總理非常肯定地回答我：「不會。」他為什麼這麼肯定？我稍後再和大家分享他的理由。

人為什麼總喜歡與他人比較？

比較的「比」字就像兩把匕首，一把插向別人，一把插向自己。一味地追求如何比別人幸福，這無異於自我折磨。可是，人們為什麼還是要跟別人比較呢？

我們先來看個小故事。

兩個好朋友在森林裡遇到了一頭猛獸，其中一個立刻換上輕便的運動鞋。另一個說：「你換鞋也跑不過猛獸啊！」那人回答：「我只要跑得過你就可以了。」這個故事充分說明了人們為什麼總是會跟別人比較。

在求生存的環境下，比身邊人優秀的人能夠獲得更多的生存機會。災難來臨時，什麼人存活的機率更大？當然是「跑得快的人」。所以，比較，是人類的天性，是人類為了滿足自己生存的需要。從遠古時代開始，人類求生存的本能就像內建在我們基因裡的程式，它讓我們獲得更多的生存機會。不管你願不願意，你都會自覺或不自覺地跟別人做比較，因為，只有你比身邊的人優秀時，你才會心安。

既然比較是人類的天性，在真正開悟之前，我們很難做到不去比較，我們又該怎樣正視「比較」呢？

與其「嫉妒」，不如「羨慕」

比較，一般會讓人產生兩種情緒：羨慕與嫉妒。這兩種情緒就像一對兄妹，看似兩個個體，產生的根源卻相同。

「羨慕」是指看到別人擁有的，自己也希望擁有，當一個人意識到自己的身分、成就或財產等不及別人時，渴望得到、或希望像他人一樣的一種情緒。這種情緒會激勵自己進步，努力爭取自己想要的東西，變得和羨慕的對象一樣好。但映射出這樣一個事實：想和別人一樣好、甚至是比別人還要好，究其原因是覺得自己還不夠好。「我不夠好」這樣的信念會打擊人的自信心，產生較低的自我價值感。

而「嫉妒」則程度更深，它是指，當我們看到別人擁有和享受著我們想要的東西時，希望對方失去，以平衡自己的內心，而對方沒有失去時所感受到的一種痛苦的情緒。嫉妒會伴有冷漠、貶低、排斥或是敵視的心理狀態，以及一定程度的攻擊性，會使自己有意無意地迫害他人。嚴重時，人會產生恨的情感，想要毀滅他人。

有人說，要成為一座城市最高的大樓有兩種方法，一是摧毀所有比自己高的大樓；另一種就是打好基礎，不斷努力往上建。前者是「嫉妒」，後者是「羨慕」。羨慕看起來很正面，但**這兩種情緒都有一個共同點，就是不太相信自己，覺得自己不如別人，是自我價值不足的體現。**

你追逐的，不一定是真正的幸福

我們之所以習慣於和他人進行比較，就是因為自我價值感低，覺得自己還「不夠好」。當你覺察到自己不夠好時，要如何感知幸福、如何創造幸福？

還記得前面我問不丹前總理吉美・廷禮的那個問題嗎？如果不丹有部分人先富起來了，幸福指數會不會降低？不丹前總理是這樣回答我的：

獲得幸福的方式有兩種，一種是以自我為中心，向外尋求，從刺激反應中滿足自身。透過五感（視覺、聽覺、味覺、嗅覺、觸覺）獲得幸福的來源，這種滿足是靠外在刺激得來的，不僅短暫，而且危險。另一種是透過內省獲得平衡，經由對心靈本質的瞭解，由內而外滋生的滿足感和幸福感，這種幸福感不依賴任何物質。不丹的幸福來自後者，所以，不會受經濟發展影響。

這番話說得很好。是的，一些國家的物質生活是取得了巨大的進步，但是人們的精神生活並沒有得到應有的重視。絕大多數人都像吉美・廷禮總理所說的那樣，藉由外在的刺激來滿足自身，透過物質的豐富來獲得幸福感，這樣的幸福感是短暫的，因為當你往外尋求時，你總會看到別人比你更好，這樣，「羨慕」和「嫉妒」就會讓你不得安寧。要獲得真正的幸福，必須從內在入手，從精神層面去尋求。

如何才能瞭解心靈的本質？可以嘗試從「羨慕」和「嫉妒」兩種情緒入手，讓這兩種情

緒成為覺察的入口。每當自己感到嫉妒，恨不得競爭對手徹底消失時，提醒自己，與其「嫉妒」，不如「羨慕」。我們不用去毀滅別的高樓，只需打好自己的地基，不斷往上建就好了。

當然，把「嫉妒」轉化為「羨慕」還不夠，因為還是會覺得自己不夠好。這時要記得提醒自己，不是自己不夠好，而是自己還可以變得更好。當你能夠看到祖先因為生存的需要，而內建在我們基因裡的比較程式時，你就會明白：**你今天之所以要做得更好，並不是出於生存的需要，不得不跟別人比，而是你選擇讓自己變得更好**——這樣，你就能從無形的壓力中解脫出來。當你內心平和時，幸福感自然而生。

不丹之所以是幸福指數最高的國家，除了不丹人貧富差距不大之外，我想更重要的原因是，不丹人的精神生活豐富。我所到之處，到處都是廟宇，幾乎人人修行。不知隨著不丹的經濟發展，當人們開始追逐外在的財富之後，會不會放棄修行。如果國家在發展經濟的同時，能重視人們的精神生活，我們的幸福指數會越來越高。

我們總以為幸福來自外在，所以汲汲營營去追求物質的豐厚。卻不知，物質是生活所需，追逐物質並不能讓我們的幸福穩定持久，真正的幸福、快樂，來自我們內在的豐盈。但願越來越多的人能意識到這一點。

接納與接受
——接納不等於接受，知足也不等於安於現狀

你是在「修行」？還是在逃避？

我認識一位擔任心理學導師的朋友，博學多才，課也講得不錯，可就是極少有人請她講課。聽她的朋友說，她經常要借錢吃飯，連自己都養活不了。當年讀大學時什麼都不懂的我，都可以靠雙手養活自己，滿腹經綸的她卻要借錢吃飯，實在無法理解。看她一表人才，我總想幫她突破一下，於是試著找她聊天：「你怎麼不主動去開拓一下培訓業務呢？」你猜她說什麼來著？她說：「人要懂得接納自己，知足常樂，花香蝶自來，幹麼要低聲下氣去推廣自己呢？」

你身邊有沒有這樣的人？他們總是滿口大道理為他們所處的現狀辯解，而且理由十分充

分，讓你無力還擊。讀書越多、學識越淵博的人，理由就越充分，好像他們讀那麼多書就是為了證明自己只能是這樣子。

人們總在努力證明自己是對的。為了證明這一點，宗教，也能成為他們失敗的藉口。幾年前，公司新招了一個業務同事，他十分好學，博覽群書，從心理學到佛學，無所不知。一開始我們都十分看好他，可是一年多時間過去了，他還是毫無業績。

負責業務的經理想要開除他，我一向愛才，於是找他談話，他的一番話竟讓我無言以對。他說：「團長，你我都是學佛之人，幹麼那麼執著於業績？對於收入的多少，我早就放下了。」我看著年紀輕輕的他，只有深深的無奈。他的這番言論簡直是對佛學的一種褻瀆。

在教育界做了二十年，還算好學的我到過世界各地學習，但一直不敢去印度，因為我認識的不少朋友，從印度歸來後就放棄了自己的事業，年紀輕輕的就退出「江湖」，靠吃老本生活，更有甚者，靠家人養著，有手有腳，卻活成了廢物，還美其名曰「放下」。正是因為這樣，我一直誤以為印度有某些課程是教人「不食人間煙火」的。我五十歲那年「冒險」去了趟印度，卻發現，原來某些人只是假託修行之名，為自己的逃避找理由罷了。

無論是對過去還是現在的自己，都寬容、悅納

生活中有不少人安於現狀，還幾乎把所有的智慧都用在了證明自己這樣做是對的上。我並不反對接納自己和知足常樂，這兩者都是修行者的基本功，只可惜被某些人拿去做了安於現狀

的藉口。那究竟怎樣才是真正的「接納自己」和「知足常樂」呢？

首先，接納不等於接受，知足不等於安於現狀。

接納，是有時間框架的，指對過去及現在的自己寬容、悅納，對未來持開放態度，相信未來可以變得更好並為之努力。接納對應的是人而不是事，不管過去的我如何，哪怕一事無成，也要接納自己、喜歡自己、欣賞自己為變得更好所付出的努力。但接受對應的是事，不能接受自己失敗的事實，更不能接受自己某些不良的行為，對於沒有效果的行為要不斷修正、不斷優化、不斷進步。

知足，是感恩現在擁有的一切，看見並享受已經擁有的一切資源，讓現有的資源發揮它的價值。知足並不是安於現狀不作為，更不是故步自封、就此止步，而是對未來充滿希望，是一種積極主動的人生態度。而安於現狀是滿足現在的一切，不思進取，就此止步不前，是一種被動的人生態度。現在擁有的一切是你的基礎，是你人生的立足點，所以我們要接納它、感恩它，而不是否定它、對抗它。只有懷著感恩的心去珍惜現有的一切，我們才能拓展自己的疆域，讓自己的人生變得更加美好。

現有的一切，是過去你所能創造的最佳成果

有一篇著名的祈禱文[4]說：

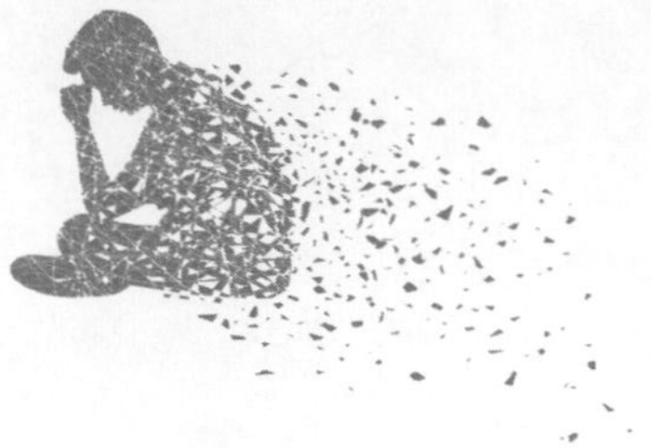

上帝，請賜予我平靜，
去接受我無法改變的。
賜予我勇氣，
去改變我能改變的。
賜予我智慧，
去分辨這兩者。

什麼是可以改變的？什麼是無法改變的？如何分辨？在我看來，這根本無須區分，因為，現有的一切都是過去你所能創造的最佳成果。

但請記住，世界是變化的，人也是變化的，我們對未來要保持開放的態度，用變化的眼光去看待它。

不管發生什麼事，只要符合張國維博士提出的「LOVER原則」，我們就無須刻意去做出改變，隨著時間的推移，你自然就會發現生命越來越美好。

「LOVER原則」由五個英文單字首字母組成：

[4]編註：美國神學家尼布爾（Niebuhr）所寫的禱告文，被稱作「寧靜禱文」。

Learning

學習。不管發生什麼事情，無論是獲得成功、還是遭遇挫敗，只要我們抱著學習的心態，就一定能從中學到什麼。當你保持學習的狀態，你自然會遇見更好的自己。

Outcomes

效果。張國維博士說過，一艘沒有目標的船，海上吹什麼風都不是順風。當你清楚自己要到達的目的地，並為之設定方向，不管吹什麼風，你自然會調整你的風帆，讓四面來風為你助力。

Value

價值。一切行為背後都有它的正面動機，任何事情的發生總有其價值所在。一塊石頭是絆腳石，還是墊腳石？全看你把它放在什麼位置和如何使用它。意之所在，能量隨來，只要你心中有價值，你一定能從外在發現萬事萬物蘊藏的價值。

Ecology

整體平衡。任何事情必須是在你好、我好、大家好的整體平衡狀態下，才能夠長遠發展，

只要有一方的利益沒有顧及，一定會招致某些力量的對抗、攻擊或破壞，因為大自然會有一股無形的力量讓事情回歸平衡狀態。

Responsibility

責任。人們總是習慣把責任推給他人或環境，一輩子活在被動的狀態中。當一個人開始懂得主動為自己的人生負起責任時，那一刻他已經拿回了人生的主導權，他會越來越成熟，生活自然會越來越好。

面對未來時，如果我們能夠做到這五個原則，我相信，**那些可以變好的自然會越來越好；那些暫時還不能改變的，只要我們接納它，同時開放未來的可能性，總有一天，它會給你意外的驚喜。**那我們又何必知道什麼可以改變、什麼不能改變呢？

所以，與其祈禱上帝給你智慧，不如做一名「LOVER」；與其把才華用在證明自己只能這樣上，不如用寶貴的才華去拓展你的人生。我比你自己還相信，你值得擁有更好的生活！

拖延與推遲——別讓你的拖延症拖垮你的人生

一邊渴望改變，一邊說「我做不到」

有個學員跟我說，他兒子失業了，一直不肯出去找工作，整天賴在家裡玩遊戲。夫妻倆只是公職人員，收入本就不高，供孩子讀完大學已是不易，本以為孩子畢業後可以接過父母的重擔，改寫家族命運，現在看到他這副渾渾噩噩的樣子，簡直傷透了心，問我該如何是好。

改變現狀，過上理想生活，也就是「圈層突破」（意思是如果你想獲得不一樣的人生，邁向人生的更高層次，就必須打破你固化的圈子），這是多少人夢寐以求的事。就算自己做不到，也希望孩子可以做到。可現實是，絕大多數人只不過是在帶著美好的願望，重複著過往的

日子，日復一日。

為什麼有些人明明知道要做某件重要的事，卻偏偏不去做呢？相反地，為什麼有些事情，我們明知道不該去做，卻樂此不疲，甚至上癮呢？

就像明明知道該鍛鍊身體，卻從不行動，任由身體肥胖、血脂升高；明明知道該早睡早起，卻每晚抱著手機刷到深夜，第二天拖著疲憊的身體上班；明明知道該提升自己，積極上進，卻依然每天重複著過往的生活，任由自己把一生活成了一天……

一邊告誡自己「我要改變，我要改變」，一邊卻得過且過，這就是拖延！關於如何治好拖延症，已經有太多人給出了「藥方」。人們渴望改變拖延的症狀，然而，很多人只停留在「渴望改變」的層面，真到要去付諸行動，一句「我做不到」，任何藥方都無能為力。難怪有人把「拖延」定義為「二十一世紀的都市瘟疫」。

面對這樣的瘟疫，難道我們就沒辦法治了嗎？治療頑疾的根本方法，就是找到病根，拖延症也是一樣。那究竟是什麼原因導致一個人拖延呢？

習慣了被保護，拿什麼對抗未知的恐懼？

被譽為中國心學的集大成者王陽明認為，「知」、「行」本合一，**「知而不行，只因未知」**。我很贊同這個觀點，很多時候，我們「知而不行」是因為我們瞭解得並不全面。當我們能夠透過現象看本質，看到更多「實相」時，拖延問題便會迎刃而解。

我們來看看前面那個學員的孩子，他為什麼賴在家裡不去找工作？究竟是什麼在拖住他的人生？

美國著名心理學家薩提爾（Virginia Satir）說過，孩子永遠沒有問題，如果有，也一定是父母的問題。所以我猜測，問題可能出在父母身上。果然，經過與孩子的父母溝通，我瞭解到了更多關於這個孩子的情況。原來，他們生活在一個小地方，孩子是家中獨子，從小在父母的百般呵護下成長，非常聽話。大學畢業後，孩子到外地工作了兩年，但父母總是不放心，希望他能回到身邊，甚至在家鄉給他找了個女朋友。現在孩子終於回來了，父母該如願了，卻沒料到孩子竟變成了這副模樣。

讀到這裡，想必大家也看出來，這個孩子從小到大走過的路都是父母為他鋪設好的，他前半生的命運任由父母擺布，完全失去了自我。試問：一個習慣了被保護、自我價值極低的孩子，拿什麼去面對外面未知世界帶來的恐懼呢？

很多人以為暫時不做某件事也是拖延。但「拖延」並不是「推遲」，推遲是因為有更重要的事情要做，而把某件事情暫時延後，當完成緊要的事情後，再繼續完成延後的事情。事分緩急、輕重，這是一種正常的人類行為。

可拖延不一樣，一些明明重要的事情，當下不去做，卻把時間花在一些不太重要、甚至是無聊的事情上。被拖延的事情一旦放下，也許一輩子也不會拿起來。絕大多數人的生活原本可以過得更好，可惜，美好的生活往往就這樣被拖延症拖垮了。

人有兩種與生俱來的情緒，一種是「愛」，一種是「恐懼」。恐懼是為了確保人類生存的

需要而設置的，面對一些不確定的因素，每個人都會感到恐懼。為了確保自己生存的安全，人們會設置種種屏障。只是這些屏障在保護自己的同時，也限制了人生的許多可能。

孩子真正需要的不是建議，而是接納與支持

既然人人都會恐懼，那為什麼有些人一輩子畫地為牢，有些人卻能跨越屏障，走出自己的舒適空間，突破所謂的圈層限制，生活越過越好呢？

讓我們再回到孩子的成長過程來看。為了孩子能安全、健康成長，大多數沒有學過心理學的父母都會希望孩子乖、聽話，並因此給孩子設置了種種限制，以確保孩子生活在一個可控的安全範圍。這樣做可能導致兩種結果：一是孩子像前文提到的「拖延小孩」那樣，真的變得很乖、很聽話，從此習慣於活在窄小的舒適空間裡；而另一種可能則是，孩子為了反抗父母的限制，從小學會了挑戰規則，以叛逆的形式挑戰父母或權威。

不管是哪一種，孩子長大後都有可能會拖延。前者會因為恐懼面對新的可能性而拖延；後者會因為叛逆而拖延——也就是父母或權威希望我做的，我的潛意識就偏偏不做。

這兩種孩子都有一個共同點：因為父母的教育方式，他們從小被剝奪了自我，長大後，他們的自我價值非常低。**所謂「自我價值」是一個人自己對自己的主觀評價。一個自我價值高的人，會認為自己值得擁有更好的生活，因此，他們能夠一邊恐懼，一邊挑戰自己，敢於走出父母為自己設置的舒適空間，讓自己的生活越活越好。**

而那些自我價值低的人，他們的潛意識會認為自己不值得擁有更好的生活，不配過更好的人生，所以，他們會盡一切所能，讓自己停留在目前這種安全、舒適裡。表面上看，是因為沒有動力，或者被其他各種各樣的藉口拖住手腳。其實是內在的恐懼，或者更深一層說，是自我價值在決定這一切。這，就是「拖延」的實相！

造成拖延的根本原因是自我價值。所以，我告訴那個學員：「你兒子今天會這樣，可能跟你有關，因為你培養了一個自我價值感低的乖孩子。如果你們夫妻因為孩子今天這個樣子還繼續批評、指責，甚至打罵他，只會讓他的自我價值感變得更低，情況變得更糟糕。」

這時候，孩子真正需要的並不是建議，更不是指責，而是接納與支持，因為這是他人生中最脆弱的時候。指責只會落井下石，而支持和信任才會培養出自我價值更高的孩子。外面雖然風大浪大，但只有經歷過風浪的孩子才會真正長大；家裡雖然安全、溫暖，可溫室只會養出嬌嫩的花，只會讓你的孩子變得脆弱、恐懼未知。

沒有什麼教育比逆境來得更實在。家長不可能是孩子一輩子的「保護傘」，信任你的孩子，教會他堅強，引導他敢於冒險，在逆境中提升自己的能力，這樣，孩子長大後，才能更安全、從容地因應自己的未知人生。相反地，**從小為了孩子的安全而限制孩子，就像從小剪斷了孩子的翅膀，孩子長大後卻抱怨他不會飛那樣可笑。**

一個人的翅膀，就是他的自我價值。如果你也有拖延的習慣，請不要去抱怨自己的父母，因為自我價值感低也有你自己的責任。父母當年已經用了他們認為最好的方式來對你；今天你已經長大了，你可以藉由學習重新塑造新的自我，透過提升自我價值，改寫自己的一生！

開始改變前，請直面你的恐懼

怎麼塑造？王陽明說，「知」、「行」本合一，當你真正「知」了，自然就會去「行」。當你看清楚這個實相——是你在藉著「拖延」這種行為，讓自己一直生活在現有的狀態中，是你認為自己不值得擁有更好的生活時，你就會開始覺察到自己的低自我評價，並且不再認同「我不值得擁有更好的生活」這個信念，你自然會有所行動，去改變、去追求變得更好。

當你開始行動時，你需要面對自己的恐懼，因為前半生你已習慣窩在一個角落裡享受安全了。但只要你認為自己值得擁有更好的生活，穿越恐懼就不再是一件困難的事。

面對恐懼，可以問自己以下問題：

如果我這樣做了，會發生什麼？最壞的情況是什麼？這個最壞的結果，我能接受嗎？

如果答案是肯定的，那就沒什麼問題了。如果答案是否定的，再繼續問：

如果最壞的結果，我無法接受，為了避免它發生，我現在可以做什麼呢？

最壞事情發生的機率究竟是多少？

當你這樣問自己時，你會發現，糟糕的事情發生的機率其實並不高，也許只有不到百分之一的可能性。也就是說，你內心的那顆定時炸彈，被引爆的可能性幾乎為零。於是你會會心一笑，整個人一下子輕鬆起來。

穿越恐懼很重要，因為你能穿越恐懼，就能突破拖延；突破拖延，你人生的境界就又上了一層樓，自我的世界就變得更大，人生的可能性也會更寬廣——當然，前提是，你認為自己值得擁有更好的生活！

壓抑與接納——面對情緒，看到它，接納它

百忍不一定成金，卻可能致病

很多人對情緒有誤解，覺得修行時間長、階層更高的人，就沒有情緒了。在一次關於親子的課堂上，有個媽媽說，她一直認為，ＥＱ（情緒商數）比ＩＱ更重要，所以，她從小就很注重培養兒子的ＥＱ。但是她理解的ＥＱ，可能不是真正意義上的ＥＱ。

她說她看了很多書，用了很多的方法，終於把四歲的兒子訓練得不鬧情緒、不發脾氣了，可是有一天，她朋友說這個方法不對。她希望我身為親子方面的專家，告訴她：從小教育兒子控制情緒到底好不好？當我聽到這個問題的時候，我感覺頭皮發麻，試想一下：一個四歲的孩

子就開始學會控制情緒，那他長大之後，會變成一個怎樣的人？

這讓我想起了我人生中脾氣最好的一個朋友，每每想到他，我都會很難過，因為他年紀輕輕就離開了這個世界。我認識他十幾年，從未見過他發脾氣，是公認的好脾氣男人。我倆都是農村走出來的，畢業後被分到同一個小縣城裡。我印象最深的一個畫面是，當時公司給他分了一間房，約六坪大，村裡的人每次去縣裡，都會把他的房間作為中繼場，又是雞，又是鴨，又是魚的，弄得房間裡髒兮兮、臭烘烘的，可是他從未拒絕過。

我問他：「這麼多同鄉來干擾你的生活，你能接受嗎？」他說：「不接受又能怎樣？老鄉來了，總得幫幫吧，不好意思拒絕。」

他總是什麼事情都往自己肚子裡吞，都忍著。這麼好的一個同學，最後竟然因為肝癌早早就去世了。稍微懂點情緒心理學的人都知道，一個不斷壓抑情緒的人，情緒就會向內攻擊，傷害你的身體。有一句話叫「百忍成金」，其實**「百忍」，只能成病。**可惜知道這一點的人，實在太少了，每每想到這裡，我都萬分難受。

面對情緒時，要看到情緒背後的真實表達

忍耐情緒，不是一件好事。那麼，一味地發洩情緒是不是就好呢？幾年前，某明星家暴的事情鬧得沸沸揚揚，最終引發千夫所指、企業崩潰。好脾氣不對，壞脾氣也不對；忍受不對，發洩也不對。那麼，關於情緒，怎麼做才是對的呢？

事實上，情緒只是身體面對外面世界的一個自然反應，它是潛意識給我們的一個信號。如果我們接收到這個信號後，強行去壓抑的話，它就會對我們的身體造成傷害；如果我們任由情緒宣洩、發展，那可能會傷害到其他人。所以，**正確面對情緒的方法，不是管理它，而是看到它、接納它。**

壓抑負面情緒的同時，正面情緒也被壓抑了

同樣是好脾氣，其實也會有不同的狀態，一種是壓抑，一種是接納。如何分辨這兩者？很簡單，前者死氣沉沉，後者魅力四射。

很多人覺得情緒波動不好，所以一直壓抑自己的情緒，喜怒哀樂不形於色。當他壓抑情緒的同時，他的生命能量是很低的，整個人就像木頭人一樣，了無生趣，生命蒼白又無力。在一個團體中，這樣的人是最沒存在感的。

為什麼會這樣？我們習慣把情緒分為正面的和負面的，比如：開心、快樂是正面的；憤怒、悲傷是負面的。事實上，當你習慣於壓抑負面情緒，你的正面情緒也同樣被壓抑了。一個不懂得憤怒的人，他不懂何謂激情；一個不懂得傷心的人，他感知不到快樂；一個感受不到痛的人，他也感受不到興奮……所以，**情緒是兩面的，你壓抑了其中一面，另一面也同樣被你壓抑。死氣沉沉，皆因你壓抑太深。**

活出生機、活出活力、活出色彩其實很簡單，只需從接納你的負面情緒開始。但願心理學能讓很多已經「死」了多年的人重新活過來。

憤怒並沒有什麼不好

●憤怒只是一種防衛機制

人們經常會給情緒「正面」或「負面」的評價，其中最常見的負面情緒就是憤怒。我們總覺得憤怒是不好的，因此當憤怒來臨時，大腦裡會有一個聲音：「我怎麼可以憤怒？」緊接著，我們會想盡一切辦法去控制、壓抑憤怒。可越是控制，憤怒就來得愈加猛烈，於是，我們都像對待老鼠屎一樣，盡量躲避這種情緒。

可是，**存在即合理**，憤怒這種情緒真的就沒有積極意義嗎？

幾年前，我和公司同事到泰國普吉島度假，回國那天坐的是凌晨兩點的飛機。深夜辦理登機手續時，我們又睏又餓。偏偏那天人很多，排了好長時間的隊，大家都心情煩躁。這時，突然有兩個人跑到隊伍前面插隊，我一下子憤怒了，前往櫃檯對服務人員提出抗議。我的憤怒引發了在場所有人對這兩個乘客的憤怒，這兩個人不得不重新排隊，秩序得以重新建立，大家的權益也得到了應有的保障。

憤怒，是一種情緒。**如果事情沒有按自己所預期的發生、需求得不到滿足或者自己感覺被侵犯時，惶恐、焦慮與無助交織在一起時冒出來的情緒，就是憤怒。**

憤怒並沒什麼不好，它只是一種防衛機制，能讓我們分清對與錯。只是很多時候，就像瑞

士心理學家維瑞娜・卡斯特（Verena Kast）所言：「**任何形式的發怒，都隱含著一種對環境和周圍世界的攻擊。**」一旦我們被憤怒所支配、所掌控，這股情緒就會轉變成攻擊的行為。為了維護自己，我們會自然地把劍鋒指向他人。當憤怒變成攻擊時，我們自己就變成了錯的一方，變成了自己曾經痛恨的那種人。所以，憤怒是柄雙刃劍，能幫助你，亦能傷害你。要好好使用這把劍，就要瞭解憤怒底下的「冰山」究竟是什麼。

●憤怒背後，還有更複雜的情緒

引發憤怒的原因通常有三種：

一、危險的時候。

二、痛苦的知覺（來自身體）。

三、痛苦的感受（來自心理上）。

為了終止痛苦、遠離危險，我們就會產生「憤怒」的情緒，透過攻擊、逃跑、隔離等方式來讓自己釋放壓力。

第一、二種情況很容易理解。當我們的生命受到威脅、身體受到傷害時，自然會產生憤怒的情緒，因為憤怒是我們基因內建的、保護我們的一個程式，是一種守護我們安全的能量。

第三種情況叫作「痛苦的感受」，這是一種心理上的主觀感受。也許是別人真的傷害了我們，也許是我們感覺受到了傷害，這種感覺往往跟過去的某些傷痛經歷有關。這就是為什麼明明是一些微不足道的事情，有些人卻會歇斯底里地憤怒的原因。**其實，讓人憤怒的可能並不是眼前這件事，而是這件事勾起了一個古老的創傷。**

以我在泰國機場的那次憤怒為例，因為我知道，憤怒是一種次要情緒，在這種情緒的背後還有更複雜的情緒。冷靜下來後，我問自己：**在憤怒的底下，我想掩蓋的痛苦是什麼？如果我不生氣的話，我會感受到什麼？**

我瞬間感受到了一種深深的無助感，一種被不公正對待後無能為力的痛苦。我的大腦裡浮現這樣一幅畫面：上學時，學校的體育設施十分簡陋，唯一的運動設施就是一張乒乓球桌，一到下課時間，大家都爭著去玩。可是當我們排著長長的隊輪流玩的時候，那些大個子的高年級同學總是用插隊的方式剝奪我們玩的機會。那時的我比較瘦小，根本沒有能力抗爭，只能十分無助地忍受著自己的權益被侵犯。這種場景多了，被壓抑的情緒就越積越深，發展到後來，一旦有類似的事情發生，以往累積的情緒就會被引爆。這就是為什麼一件看似很小的事情會引發一個人異常憤怒的原因，因為有些傷痛是非常早期的，我們都不知道，但身體都記得。這些情緒就像埋藏於心的一顆炸彈，只要有類似的情境喚起你早年的經驗，你的情緒就會被引爆，你也會變得異常憤怒。

遠古的人類生活在大自然，每天都會面對比自己強大的野獸，時刻處於危險之中。這樣的情況下，人們通常會有兩種反應：

一、攻擊：當人們有把握戰勝對手時，就會選擇攻擊，將別的動物變成自己的獵物。

二、逃跑：當遇到比自己更強大的動物時，會選擇逃跑，確保自己的生存安全。

這是存留在我們基因中的求生存模式，這樣的模式讓人類得以存活至今。可惜的是，即使是在今天，一旦我們潛意識裡把發生的事情誤判為「危險」，就會馬上啟用這種模式，立即向外發出攻擊，以保護自己，這就是憤怒的自然反應原理。當我們向外攻擊時，就無須再去感受潛意識深處那份隱藏著的被傷害的痛苦，這就是為什麼大多數人都會選擇憤怒的原因。

●沒有負面的情緒，只有情緒帶來的負面行為

可是，當憤怒來臨時，我們該怎麼辦才好呢？其實，沒有所謂的負面情緒，只有情緒所帶來的負面行為。憤怒可以，但因憤怒而產生攻擊性行為就有問題了。我們可以表達憤怒，但需要對憤怒保持覺察——**覺察並看見憤怒底下的「冰山」，勇敢地去感受憤怒底下的那份傷痛，承認自己的無能為力**，「冰山」才會逐漸消融，憤怒也才不至於轉化成傷害自己和他人的攻擊性行為。

當然，向外攻擊容易，感受內心深處的那份痛楚就非常不容易了。記得在機場時，當我看到憤怒底下被不公平對待的傷痛時，那份撕心裂肺的痛苦讓我久久不能入眠。後來，我專門為

此找心理師諮商，療癒了童年的創傷。之後，我再遇到類似事件時，童年的傷痛不但沒再被勾起，應對時，我也能做到心平氣和。可見，憤怒是一份禮物，當我勇敢面對它、穿越它時，我的人生也因此而成長。

承認和接納我們的情緒，並不是因為它是對的，而是因為每種情緒都有它獨特的價值、功能、存在的理由，都是我們可以利用的力量。比如說：「嫉妒」可以告訴你，你最想要的是什麼，以及多麼渴望得到；「悲傷」可以療癒傷痛；「焦慮」能讓你聚焦未來，防患於未然；「無聊」能讓你深思生命的意義，並採取行動予以改變；「恐懼」能讓你注意安全，提醒自己做事的邊界……

情緒就像是一個執著的快遞員，如果不收下它帶給你的包裹，它就會一直催促你，提醒你注意它的存在。所以當我們面對負面情緒時，不妨先接納它，收下情緒帶給我們的這份禮物，也許它的包裝不稱心意，但一定會讓我們獲得更多關於自己的認知，以及直面未知明天的勇氣！

有人說，人生最大的幸福，就是從黑暗穿越到光明的那一剎那。如果接納了自己的情緒，覺察到自己的內心，帶你抵達幸福的那個擺渡人，一定就是你自己。

寬恕與原諒
——別人傷害你一次，你為什麼要傷害自己很多年？

在二十多年心理培訓生涯中，我看過各種各樣的故事：戀愛失戀、結婚離婚、相聚分離……其中有個案例最讓我震撼，雖然事隔多年，每每想起依然心神未定。

那是在「教練式管理」課堂上。按照慣例，每個技巧，我都會邀請學員做案例示範。在教「位置感知法」時，我如常詢問場中學員，有沒有工作或生活上的難題需要解決。在眾多舉手的學員中，一個四十多歲、滿臉滄桑的學員表現得最為急切，於是我讓他做個案示範。但是，他一開口，我手心就開始冒汗了。

他說，小時候親眼看到父親被人吊死在家族的祠堂裡。

「我很想去幫助父親，但是我什麼也做不了，只能看著……」他的聲音低沉又悲傷，眼中泛淚，但眼神很冷冽。

「我恨他！可是那時候我很小，沒辦法報仇。我無法面對我的仇人，只好離開村子，外出打拚，等長大後回去報仇。可是等我長大終於有了報仇的能力時，仇人……他已經死了。他殺了我父親，怎、麼、能、自、己、死、掉?!」他的聲音依然不高，但一字一頓，說得咬牙切齒。

「父親吊在祠堂橫梁上的景象一天比一天清晰，我的痛苦也一天深過一天。這些年，我都在密謀一件事：如何殺掉那個仇人的兒子。」

聽完他的講述，全場一片靜默。我握著汗涔涔的手，心裡的掙扎非常激烈。

我當然想幫他，一個人背負這樣深的仇恨，日子太艱難了。但我從來沒有處理過創傷這麼深的個案，何況這是課堂示範？看著他那張因痛苦而扭曲的臉，我放下了自己的猶豫和擔憂——在一個被仇恨困擾三十年的人面前，我的面子值幾何？

我硬著頭皮為他做了諮商，至於我做了什麼，稍後再說。當我聽到他吁出長長的一口氣時，我知道，他終於放下了一個沉重的負擔。果然，第二天一早，我收到了他的簡訊：「**謝謝團長！三十多年我都沒有睡過一個好覺，但昨天我睡得很好。心裡舒坦多了。**」

「原諒」的焦點，是在他人的過錯上

諮商界有一個很經典的案例：一位女士年輕時曾遭遇過性侵，她受傷很深，十幾年了一直無法釋懷，不敢交男朋友，也不敢走進婚姻，希望心理師可以幫助自己療癒創傷，走出痛苦。

心理師問她：「那個壞蛋強暴你一次，你為什麼要強暴自己十幾年呢？」

這句話問得很重，但正因為足夠重，才喚醒了她那顆沉溺於痛苦多年的心。

是啊，那些人只傷害了我們一次，我們為什麼要讓這個創傷持續、反覆地傷害自己幾年、十幾年、幾十年，乃至一輩子呢？

那些傷害過我們的人確實可恨，我們對他們充滿憤怒，這是正常的情緒反應。可是，因為仇恨，我們食不知味，睡不安寢。我們為什麼要讓自己過得這樣痛苦呢？

如何面對那些曾經傷害過我們的人？
如何讓自己重新過平靜的日子？

也許有人會告訴你，原諒他們吧。可是當事情落到你頭上時，你會發現，原諒，真的很難做到。

為什麼原諒一個人那麼難？我們先來看看什麼是原諒。原諒的定義是：「對他人的疏忽、過失或錯誤表示諒解，不加責備或懲罰。」從這個定義可知，「原諒」的焦點是在他人的過錯上。當一個人把焦點放在他人的過錯上時，其實就很難原諒了。這就是為什麼我們很想原諒對方，卻又原諒不了的原因，因為我們總是去看到對方的過錯。可見，原諒其實是有條件的。

在關係中，我們經常會聽到這樣的說法：「如果你做了什麼改變，我就原諒你。」

那麼問題來了：別人的生命、別人的人生，我們能改變嗎？我們能掌控別人嗎？自己如何選擇，卻要指望別人是否會改變來決定，這無疑是把自己人生的遙控器交給了他人。

與其責怪，不如療癒自己的傷口

可是，為什麼有些人能夠很大度地面對那些傷害過自己的人呢？比如南非前總統曼德拉，他失去自由二十七年，重新掌權後，卻放過了那些把他送入監獄的人；比如甘地，當殷紅的鮮血染紅了他潔白的纏身土布時，他捂著傷口，卻說：「請寬恕這個可憐的人。」

他們是怎麼做到的？也許他們並不是原諒，而是選擇了寬恕。

從文字結構來看，「恕」字是「心」上一個「如」字——心寬了，心就自如了、自在了。所以，「寬恕」是關於自己的，是自己修煉的成果。就算別人有錯，我們不能改變，但是我們放寬心態，內心就會變得平和自如。原諒的焦點在別人，寬恕的焦點在自己。我們雖然無法改變別人，但可以掌控自己。

這就像我們走在路上遇到一隻瘋狗，如果我們被瘋狗咬了一口，難道要指望瘋狗改變嗎？瘋狗就是瘋狗，不管你怎麼恨牠，被牠咬過的傷口依然鮮血淋漓，於事無補。最重要的是清理傷口，打狂犬病疫苗，療癒那個被瘋狗咬傷的傷口，不要讓傷口持續對身體造成傷害。**與其責怪瘋狗，不如療癒自己的傷口，這才是我們應該做的，因為受傷的是我們自己，而不是瘋狗。**

我們不一定要原諒，但可以「寬恕」

寬恕是有希望的，因為寬恕是關於自己的療癒，與別人無關。這也是上述案例中，我對案

主所做的。

首先，我使用完形療法[5]，讓他把壓抑了多年的情緒釋放出來。情緒的釋放很重要，只有當一個人的情緒得到完全釋放之後，他心中的執念才會動搖。

接著，我使用了位置感知法。一個人所處的位置，通常決定了他的視角和觀點。當我們從不同的位置去看待同一件事情的時候，他的視角就會被拓寬。

我讓案主從不同的角度去看待他父親的悲劇。這個過程中，我結合了催眠的技巧。我讓他想像，如果真的有在天之靈，他父親的靈魂在天堂的某個位置，我讓他進入那個位置、進入父親的角色，然後問他：「看到自己的孩子為當年的不幸而悲傷了三十年、仇恨了三十年，你有什麼樣的感受？」

身為一個父親，當然不願意看到自己的孩子因仇恨而悲傷、憤怒，而心懷仇恨三十年。所以，當他進入父親的角色時，頓時泣不成聲。

當他從父親的角色出來時，其實他的執念已經開始鬆動了，因為他的視角變得更寬廣了。

接著，我帶他進入仇人兒子的位置。這個時候他明白了，仇人的兒子是無辜的——父親當

[5]作者註：完形心理學又稱格式塔（Gestalt）心理學，是西方現代心理學的主要流派之一，由德裔美籍心理學家波爾斯（Friedrich Salomon Perls，一八九三—一九七〇）提出，他認為這種療法的本質是「我必須對於自己的存在承擔一切責任」。自我覺察是完形療法的核心。

年做的錯事，為什麼要他來承擔這樣的惡果？

然後，我再讓他進入社會的角度，讓他看看那個荒唐的年代。他明白了，在那樣的歷史時代，他父親的遭遇不是特例；那個殺害他父親的人既是加害者，其實也是受害者。那一刻，他長長地舒了一口氣，整個人似千斤重擔一朝放下般，終於得以解脫。也因此，才有了他三十年來難得的一夜好眠，才有了他第二天發給我的簡訊。

這是一個關於寬恕的故事。**寬恕是關於自己的，是自我的療癒，是為了讓自己活得更好，無關他人。**但我們往往容易偏執於自己的立場和視角，困於仇恨無法脫身，心變得很窄。當一個人能夠跳出自己的視角，從不同的角度看待問題，從更高的地方看到周圍人的不同處境、不同思想時，他才是一個成熟的、有智慧的人，才是擁有寬恕能力的人。當然，在寬恕的同時，我們要提升自己防範風險、不再被傷害的能力。

我們很難改變或者控制別人，唯一能做的，就是照顧好自己。自己變好了、變強了，自然再難被外面世界傷害。這就好比中醫講的「固本培元」。人其實沒有病，生病是因為元氣不足導致。最好的養生之道不是生病時治病，而是日常生活中養好元神，使得外邪無法入侵。

所以，當你因為曾經的傷害、過去的仇恨而夜不能寐時，不妨讓自己站得更高一點，去看事件中每一個人的處境，試著從不同的角度去看問題，探尋不同的真實。

可能有人會質疑：我為什麼要寬恕那些傷害自己的人呢？傷害是實實在在的存在，我就是無法寬恕，就是恨他。

你當然可以憎恨他，因為那是你的人生，你的人生你作主。我只是希望你能看到，你在憎

恨他的時候，傷害的其實是自己。別人傷害你一次，你為什麼要傷害自己很多年?!

如果你能看到這個真相，你也許會笑自己：「我怎麼這麼蠢？」然後會心一笑，於清風明月中了悟一切。

是的，我們不一定要原諒，但我們可以寬恕。寬恕並不容易，但值得我們去嘗試，因為這是我們每個人必須面對的人生功課。正如宮崎駿所說：「**內心強大，才能道歉；但必須更強大，才能寬恕。**」

有人討厭你，就一定有人欣賞你。

如果連你自己都不喜歡你自己，你如何能指望別人喜歡你呢？
如果連你自己都看不起你自己，你又指望誰能看得起你呢？
有不喜歡你的，同時，也有喜歡你的，
可你為什麼總把目光放在那些不喜歡你的人身上呢？
你沒有太多能量背負他人的命運，也很難改變或者控制別人，
唯一能做的，就是照顧好自己。

恐懼與焦慮——我們要接納焦慮，甚至感謝焦慮

恐懼與焦慮，這兩種情緒容易混淆

有一次在印度學習，為了讓自己能有一個清靜的學習空間，去之前，我特別交代公司的管理層，學習期間，公司的事情不要找我。不巧的是，我還是接到了同事的電話，她情緒很緊張，說出大事了，不得不打電話向我求救。原來，我們主辦的「反脆弱」第十二屆實用心理學大會邀請的重要嘉賓吳曉波臨時有事，沒辦法出席。

可是大會的宣傳已經全面展開，而且門票已經全部賣出去了，還有一些人就是衝著他來的，怎麼辦？這可真是件大事，負責這次大會的同事不知道該怎麼辦，陷入了深深的焦慮中，

食不知味，徹夜難眠。

變，是這個世界唯一不變的法則！特別是生活節奏越來越快的今天，我們面對的變化越來越多，難免會陷入焦慮、不安的情緒中。焦慮會影響我們的睡眠，降低我們的免疫力，還會嚴重拉低我們的生活品質。面對焦慮，我們該怎麼辦呢？在節奏越來越快的今天，我們又要如何從焦慮中回歸生活呢？

要回答這個問題，我們首先要分清「恐懼」與「焦慮」這兩種不同的情緒。沒有學過心理學的人，經常會混淆。釐清這兩個概念，我們就可以從焦慮中輕鬆走出來。

適度的焦慮，具有積極意義

恐懼是什麼？它是一種人類及生物的心理活動狀態。從心理學角度來講，恐懼是人們正面臨某種危險情境，企圖擺脫而又無能為力時所產生的擔驚受怕，是一種強烈壓抑的情緒體驗。恐懼，也就是「害怕」，是一朝被蛇咬，十年怕草繩。

我們要知道，恐懼並沒有什麼不好。很多時候會聽人說：「如果我沒有恐懼就好了。」甚至有一些話像「你這個膽小鬼」，好像膽小是不好的。其實，這些都是對「恐懼」這種情緒的誤會或者誤導。恐懼是有它天生的功能的，如果不懂得恐懼，我們人類可能就少了生存的可能性。

比如我們看到蛇，會恐懼，會害怕，於是會躲開，這樣才能確保生命不受威脅。比如我們看到爆炸，會恐懼，於是會逃離，如此才能保障我們生存的機會。所以，對當下發生的威脅如果你不恐懼——比如面對老虎你不恐懼，反而靠近牠，那恐怕就只有死路一條了。恐懼是對當下威脅的自然反應，當威脅解除時，恐懼自然會消失，恐懼並不會困擾我們的生活，相反地，它還會保障我們的生存。所以，我們要學會接納恐懼，甚至感謝恐懼。

而焦慮就不同了，它是對未來可能發生威脅的預見性情緒反應，是大腦想像出來的一種恐懼。一般情況下，適度的焦慮具有積極意義，它可以適度提高大腦的反應速度和警覺性。比如，考前焦慮就是一種正常的心理現象，適度焦慮有利於考試發揮。可是長期或過度焦慮，會使我們陷入一種負能量的磁場，影響我們的睡眠，消耗我們的能量，每天除了面對飯碗裡不知滋味的飯菜和枕邊散落的碎髮，不知該如何因應當下的生活，只好任由寶貴的生命在指間白白消耗，我們的健康也會受到影響。

未來還沒來，因此焦慮會一直存在，不斷消耗我們生命中的能量。當我們焦慮時，所有的焦點都放在了一種可能會失去、可能會受到威脅的負面情緒裡，我們就沒有足夠的心力來想解決方案，面對未來。人這一生，無論我們想讓自己有何種成就，都需要保持自己的能量，因為它是為我們提供源源不斷的動力和活力的源泉。可是，當焦慮耗掉我們的能量後，我們就沒有多餘的能量去解決問題，未來就真的會受到威脅了。

焦慮不可怕，「不覺察」才可怕

焦慮本是人類為了獲得更好的生存機會，充分調動身體機能以因應環境變化的一種大腦反

應機制，可是，這種機制的過度反應，卻恰恰產生了相反的作用，過早地虛耗了生命的能量。當生命的威脅真正來臨時，已無力應對，這就是焦慮的弔詭。

如果能夠覺察到這一點，當你感到焦慮時，試著把焦點拉回到當下，問自己：面對未來可能的威脅，現在該怎麼辦？我現在可以做些什麼，來減少未來可能的損失呢？於是，你的焦點就回到了解決方案上，而不是把精力虛耗在無謂的擔心上。

回到本文一開始的案例。對於吳曉波無法出席大會的消息，我同事焦慮，我本人也感到十分焦慮，唯一不同的是，我能覺察到自己的焦慮。當我清楚地覺察到它後，深深地吸了一口氣，讓自己平靜下來，然後問自己：吳曉波不來，我現在能做些什麼？誰可以替代吳曉波？於是我就想到了一系列解決方案，暫時放下正在學習的課程，開始聯繫好幾個替代人選。當訊息和郵件發出去後，我的心很快就安定了。

第二天一早，我就陸續收到了各種回應，最後確定請張德芬老師來救場，然後通知公司同事逐個告知已購票的客戶，向客戶真誠道歉。對於不接受變化的客戶，馬上啟動退款處理，同時開始新一輪的宣傳，重新向市場公開售票，以彌補退票的損失。整個過程有條不紊地進行，最後，大會雖然受到了一定的影響，但依然圓滿成功舉行，並獲得了與會人員的大量好評。

當我們受困於焦慮時，就被焦慮給掌控了。而當我們能夠看到焦慮是對未發生之事的恐懼，就會回到當下的解決方案，就能找到解決方案，這樣，生命就開始活在當下，我們就淡定了，就不再焦慮了。

其實，大多數人所擔心的未來，都是不一定真的會發生的事情，其中百分之八十、甚至百分之九十以上都是我們大腦所創造出來的。如果我們能夠覺察到這一點，從對未來的恐懼和焦慮中跳出來，回到當下，著力尋找解決方案的話，我們就會淡然、淡定地面應我們的生活，哪怕是生活在喧囂都市，也能享受到悠然自得的田園般生活。關鍵是，你能否覺察你的焦慮，然後回到當下，享受當下。

一切問題的根源，在於自我價值

從心理學角度看，焦慮通常是由於安全感不足所致。當我們內心對未來感到不安時，就會擔心有更壞的事情發生，於是我們就把未來還沒發生的事情放到了今天來害怕。

那安全感又跟什麼有關呢？當一個人相信自己有足夠的能力因應未來可能發生的變化時，他就會對未來充滿信心；相反地，則會因恐懼而焦慮。自己是否有信心面對未來，這是一種主觀的判斷。一個人對自己的主觀評價，在心理學上稱為「自我價值」。從主觀上相信自己的能力，相信自己有能力解決一切問題，這就是自我價值感高的表現，這樣的你對未來有著十足的安全感，自然就不會焦慮了。

所以，一切問題的根源在於自我價值。

讀到這裡，我相信聰明的讀者已經知道如何與焦慮共舞了。當你感到恐懼時，先區分一下這是對當下危險的「恐懼」，還是對未來的「焦慮」？如果是焦慮，你馬上就知道是因為你對自己沒信心所導致的結果。這時，你可以問問自己：

如何做，我才能讓自己對未來充滿信心？

要因應未來可能發生的危險，我需要具備哪些能力？

當你這樣問時，你就把對未來的焦慮轉化為了當下的行動。

如果你能夠把焦慮轉化為行動力，那焦慮也會變得有價值，它不再消耗你的能量，反而會成為一種推動力，推動你採取行動，去成為更美好的自己。當你擁有了足夠的能力時，你自然會對自己充滿信心，對未來胸有成竹。

如果你懂得如何與焦慮共舞，那你就懂得了：**焦慮其實是一份精心偽裝的「禮物」**。因為焦慮背後，隱藏著對未來未雨綢繆的提醒，隱藏著提升自我價值、成就更好自己的動力和機會。所以，與其坐地焦慮，不如起而行動。

看破與逃避——痛苦不會消失，只會被你消融在生活裡

她過著別人夢寐以求的生活，卻痛苦無比

我非常佩服一位朋友，因為他把心理學課程開到了佛教的廟堂。我曾對他開玩笑說：「佛法博大精深，出家人已看破紅塵，一心向佛，他們還需要心理學嗎？」他莞爾一笑說：「團長，什麼是看破紅塵？有幾個人真正做到了看破？看破還是逃避，是需要智慧甄別的。很多人就是在塵世中經歷了太多的苦，無法穿越痛苦才選擇出家。佛法當然博大精深，但心理學在療癒創傷方面有其獨特的地方。先用心理學療癒創傷，對他們修行會有很大的幫助。」

我非常贊同他的觀點，因為我的課堂上也曾經出現過出家人。只是我的這位朋友，他一方

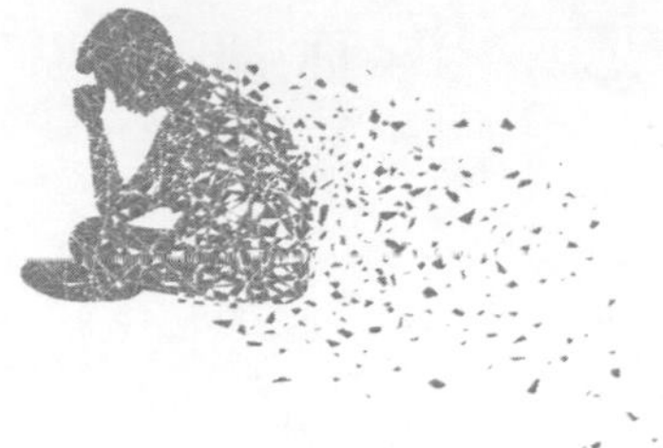

面為出家人療癒，另一方面，自己也經常因公司經營的事情苦不堪言。他跟我認識的大多數心理學導師、治療師一樣，曾為無數人解除痛苦，但自身也會有無法迴避的苦楚，依然會痛、會難過、會掙扎。

痛苦究竟是什麼？是否有方法可以消除？也許大多數人都會這樣想：等我們功成名就時，就沒有痛苦了。真的嗎？

曾記得有個學員陳述她的痛苦時，全班譁然。原來她是一個豪門闊太，住豪宅、開名車、養名犬，她基本什麼都不用操心，過著多少人夢寐以求的生活。可是，她卻覺得自己活得無比痛苦，因為這樣的生活讓她感到毫無價值，生命毫無意義，人生越活越沒意思。

可見，那些過著我們夢寐以求生活的人，甚至是那些精神導師，他們也有他們的痛苦。

痛苦，是自己加給自己的

那痛苦的本質是什麼？我們又該如何面對人生的痛苦呢？

痛苦有三種（參見下頁圖一）：

一、身體的苦

這種痛苦很容易理解，它一般由疾病引起。要解決它，毫無疑問應該去看醫師。

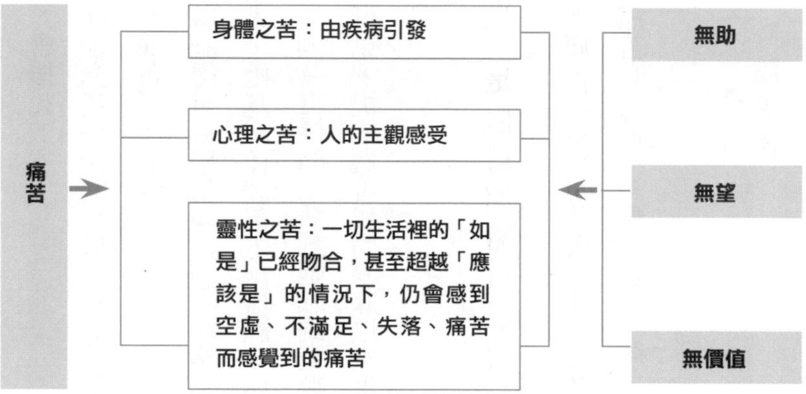

【圖一】

二、心理上的苦

心理上的苦是人的一種主觀感受，是自己感覺自己很痛苦。**這種苦跟事情無關，跟一個人對事情的看法有關。**

我們經常看到有些人明明正做著很痛苦的事情，他們卻很快樂。比如極限運動愛好者，驚心動魄的同時，身心備受折磨；有些人在健身房裡揮汗如雨，被教練虐到懷疑人生；還有的人去挑戰登頂聖母峰，明知每年都有很多人因此喪命，卻還欣然前往；還有沙漠徒步活動，在惡劣的環境裡徒步行走三、四天，挑戰身體的極限，可是參加者卻引以為豪……這些人都在做著別人無法承受的痛苦之事，但他們並不會感到痛苦。他們之所以願意以性命為代價，去做這些常人難以想像的事，是因為他們能從中獲得愉悅感和成就感。

也就是說，痛苦帶有主觀性感受，是自己

加給自己的，所以每個人對痛苦的感受並不一樣。也許你覺得痛苦不堪的事情，卻帶給了別人滿足和快樂；而你一直憧憬並努力追求的生活，對另一些人來說，卻如人間煉獄，苦不堪言。為什麼會這樣？因為**這種苦並不中外在決定，而是由我們的內在信念決定。**

心理學家艾理斯提出的「情緒ＡＢＣ理論」認為：不同的人，對於同一事件，會有不同的情緒和行為反應。並非事件本身引起了這種反應，而是人們對這個事件的不同看法導致了不同的反應。「看法」在這個理論中被稱為「信念」。

也就是說，當一個事件發生時，我們信念中認為的「應該是」和現實中發生的「如是」產生了矛盾，我們就會感到痛苦。比如：我認為我應該拿到一萬元獎金（應該是），但老闆只給了我八千元（如是）。即使八千元在這一行裡已經是很高的行情了，我依然會悶悶不樂。也就是說，當我們的想像跟現實的世界不一致時，我們就會產生痛苦的感受，這也就是我們心理上的苦。

三、靈性層面的苦

德國哲學家叔本華說過，生命是一團欲望。欲望不能滿足就會痛苦，滿足了就會無聊。人生，就像是鐘擺，在痛苦和無聊之間不停搖擺。

當我們該有的都有了，比如事業、家庭、子女，這些常人追求的生活目標都有較好的收穫，一切生活裡的「如是」已經吻合、甚至超越「應該是」的情況下，我們仍然會感到空虛、不滿足、失落、痛楚。這種苦，就是靈性的苦。靈性的苦很特殊，它無以名狀且難以形容。

我曾經遇到過這樣一個案主：當他說起自己的痛苦時，抱頭痛哭，他撕心裂肺的哭喊，讓我以為他遭遇了家庭的不幸或事業的失敗，但都不是。在他情緒稍稍平復後，他抽泣著對我說：「團長，我再也回不到那個狀態了。」這個回答我從來沒遇到過，於是好奇地問：「什麼狀態？」他說，一個偶然的機會，他進入了一個非常好的狀態，那種美妙的感覺讓他彷彿置身天堂，沒有痛苦，一切都非常愉悅、美好。可是當他從那個狀態出來後，整個人又回到了人間，要面對現實的生活。只要一想到自己再也無法回到那個狀態，擁有那種感受，他內心就痛苦不堪。

我曾經在一門靈性的課程中也體驗過這樣的狀態，那是一種妙不可言的感覺。從這種狀態中出來後的一週內，我感覺到，生命的每一刻都如此愉悅。可惜我跟他一樣，之後再也沒有回到過那個狀態中。

這位案主所受的苦，就是一種靈性層面的苦。靈性層面的苦，一般人不太可能會遇到。在這裡，我主要來和大家聊聊心理上的苦。

消除了低層次的痛苦，還有更高層次的痛苦

心理層面的苦，一般由三個病毒性信念所導致，即：無助、無望和無價值。

一、無助：因為「比較」而產生的苦

不管你擁有什麼、擁有多少，總會有人比你擁有的更多、過得比你更好。如果你因此而感到痛苦的話，這就是由無助導致的痛苦。無助的人，內在有這樣一個信念：「別人做得到，而我做不到。」有這種信念的人，無論他再怎麼努力，就算畢業於名校、知識淵博、富可敵國也無濟於事，因為他總會找到比自己更強的人。當別人比自己更強時，他就會痛苦。

二、無望：因為「不可能」而產生的苦

我們身邊有很多這樣的人，他們畫地為牢，因循守舊，墨守成規，不願創新，不敢嘗試，就像拉磨的馬，一直在有限的空間裡打轉，把一輩子活成了一天。在他們的世界裡，有太多太多的「不可能」，他們會把一次失敗看成永遠。讓他們受苦、受困的不是外在的環境，而是心中「無望」的信念：「我做不到，別人也做不到，因為這是不可能做到的。」一旦形成這樣的信念，他人生的某個領域就停止了。如果這樣的信念越來越多，這個人會對生活感到絕望和痛苦，嚴重者甚至會放棄生命。

三、無價值：因為「一無是處」而產生的苦

某研究生因畢業論文暫時沒通過就選擇了輕生；某老闆因一次生意的失敗而放棄生命；某年輕人因失戀而割腕……當一個人事業有成時，人們會對他仰視；當一個人暫時沒有取得成績時，人們就會認為他一無是處。這就是痛苦悲劇發生的根源，只因人的價值輕如鴻毛。一個人如果沒有看到自己的價值，就只能依賴所做的事情來體現自己的價值，這樣的結果就是：一旦事情失敗了，就意謂著人也失敗了。有這種信念的人，他們把人生的價值都寄託在了外在的事物上，一旦遭遇挫敗，對他們來說，將是萬劫不復。

無價值感是所有病毒性信念裡，危害最大的一種。當一個人的內在種下了「無價值」這種「病毒」後，他的心恍若玻璃心，一點小小的挫折就會造成深深的挫敗感，輕則放棄自己的事業，重則放棄自己的生命；就算勉強活著，也脆弱不堪。與這樣的人相處，不僅他痛苦，你也會苦不堪言。

身體、心理與靈性層面的三種苦，是遞進的關係。它們此消彼長，消除了低層級的痛苦後，還會有高層級的痛苦出現。例如，當你的身體還處在求生存的狀態，生病或是受傷時的你，是感覺不到心理層面的苦和靈性層面的苦的；而當你身體健康時，你也許就會感覺到心理層面的痛苦；當有一天心理的苦終於消失了，也許你就會開始有靈性方面的苦。這就是為什麼幫助他人解決心理困惑的心理學導師，自己依然有很多痛苦的原因，因為他們消除了低層次的痛苦後，還需要面對更高層次的痛苦。

既然痛苦層層遞進，無法消除，那我們該怎麼辦呢？

痛苦不會憑空消失，不如與痛苦共舞

當你抗拒痛苦時，痛苦反而會越來越強烈。情緒的鐘擺理論認為：當一個人壓抑了某一情緒的感知度時，其他情緒的感知度也會同樣降低。那些所謂的負面情緒強度降低了，正面情緒也會同樣降低，就像鐘擺一樣，左右兩邊的擺動幅度總是一樣的。

痛苦跟快樂也是一個鐘擺的兩端。很多人感覺到痛苦時，會本能地選擇用壓抑這種方法來對抗。只是，當你壓抑和抗拒痛苦時，你同樣壓抑和抗拒著你感知快樂的能力。同理，當你能感受那份極致的痛苦時，你會發現，你在某一刻也會感受到極致的快樂。我想這也是為什麼會有「痛快」一詞的原因吧。

人生難免會和痛苦不期而遇，痛苦不會憑空消失，只有當你不斷修煉自己，讓自己消融在痛苦裡，完完全全地經歷它，這才是面對痛苦的最好方法。**我們不需要壓抑它，而是要看清楚產生痛苦的根源究竟是什麼**——是身體的苦、心理的苦還是靈性層面的苦？如果是心理層面的苦，那**讓你痛苦的原因究竟是無助、無望，還是無價值感？**

當你能夠看清這些痛苦，就能分辨它、因應它，並一步步地穿越它。每穿越一個痛苦，你的人生就會上升一個層次。

據說開悟的人才沒有痛苦，我遠遠沒有達到那個境界，所以我跟大家一樣，會面對各種各樣的痛苦。但我相信，只要我們願意學習和成長，也許有一天，我們也會到達那個沒有痛苦的極樂世界。但在真正到達那個世界之前，我願意和大家一起與痛苦共舞，從痛苦中學習，**痛並快樂著。**

容與忍——放得下才能放下，能容就無須忍

模式都有其根源，從源頭上改變才徹底

人們常說，一個人的胸懷有多大，他的事業就有多大。因為受委屈的人會不斷容忍，以求退一步海闊天空，於是讓人覺得：哇，這個人真的很有胸懷。委屈真的能撐大一個人的胸懷嗎？我不敢苟同，因為我在做諮商的過程中，看到不少人雖然委屈了大半輩子，胸懷卻沒被撐大多少。

有個學員因為人際關係方面的困擾找我諮商。他說自己很難跟強勢的人搞好關係，特別是主管、客戶，因為每當有人想指揮或控制他時，不管是多小的事情，他都會跟人發生衝突。他知道這樣不好，卻控制不住。

當一個人不斷在重複一件事情時，那就是他的模式在作祟。通常每種模式都會有其根源，找到根源事件，從源頭上處理，才能讓改變更加徹底。於是，我開始帶他往前探索，發現他有滿肚子的委屈。原來，他有一個繼母所生的弟弟，父親總是偏心弟弟，幾百塊錢的書都不捨得買給他，卻毫不猶豫地給弟弟買了好幾萬元的電腦。說起這些被不公平對待的經歷，這個大男人突然失聲痛哭。

孩童時代的委屈至今依然在內心發酵，這份委屈不僅沒能撐大他的胸懷，反而轉化為對外界的攻擊。他難以跟強勢的人相處，是因為面對這類人時，潛意識會把他對父親的怨恨投射到這類人身上。由於內在壓抑了太多憤怒，他才會一言不合就怒髮衝冠。

一個胸懷足夠大的人，哪來的委屈？

胸懷是否夠大，與委屈未必有關，或者說，那些胸懷夠大的人，他們根本不會感到委屈。

南非前總統曼德拉，政敵將他投入監獄整整二十七年，他人生三分之一的時間都在坐牢。但他從階下囚成為一國首腦後，第一件事卻不是清算政敵，而是推行民族和解政策——只要說出真相，就能獲得寬宥。在他的影響下，南非沒有像其他非洲國家那樣，每逢政權交替必然引發大規模流血衝突，讓百萬人民陷入地獄深淵。

曼德拉因反對種族隔離而身陷囹圄，雖然受到不公正對待，但在國家利益面前，他放下了

小我的得失榮辱，寬恕了那些給他帶來災難的人，用實際行動詮釋了何謂胸懷寬廣。

為什麼有些人被委屈撐了一輩子，胸懷卻沒有變大？有些人不用靠委屈來撐，胸懷也足夠寬廣？胸懷的大小究竟跟什麼有關？要回答這幾個問題，我們要先弄明白什麼是胸懷。胸懷是一個人能夠從更寬廣的角度去考慮問題。那什麼是委屈？委屈是指受到不公平的待遇後，心裡感到難過。不公平待遇是外力，而委屈則是主觀感受。之所以會感到委屈，是因為當事人的思想藍圖太過狹窄，容不下不同的觀點和意料之外的事情。當事情不能按自己的設想去發展，而自己又無能為力去改變時，那種不得不接受的情緒就是委屈。

曼德拉從來沒有因不公平對待而表現得委屈，是因為胸懷足夠大。一個胸懷足夠大的人，哪來的委屈？而那些滿肚子委屈的人，何來胸懷？

漢語有個詞叫「容忍」，雖然是一個詞，卻包含兩種完全不同的意思。「容」是一種空間概念，而「忍」是一種心理狀態。心裡放得下，叫能容；心裡放不下，則要忍。因此，能容，就無須忍；如果要忍，則一定是容量不夠。

我想，「胸懷」和「委屈」也是這樣一種關係。所謂委屈，其實就是因為心胸太窄，容不下一些人或事，但這些人或事卻不隨己願地來了，所以只能忍，但忍起來又心不甘情不願，於是積累了滿肚子委屈。

佛家有一個詞叫「放下」，就是不要計較，對功名利祿、富貴得失、悲歡離合、嗔恨嫉妒、憂悲苦惱等不要耿耿於懷。放下，是一種境界。**如何才能放下？前提是放得下。要放得下，內心的世界必須足夠強大。**

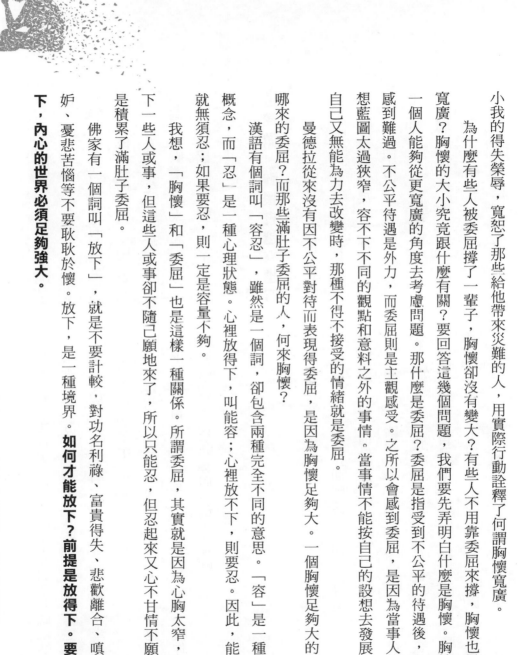

有人說：幹麼要那麼大呢？在自己的小世界裡過日子，也沒什麼不好啊？井底之蛙又怎樣？在一口井裡生兒育女過一輩子，也挺不錯的，世界是小了點，但足夠了。真的嗎？井底之蛙能幸福生活一輩子的前提是：那一口井永遠只屬於牠們。萬一哪天來了一條蛇呢？幸福的一家就會成為蛇的早餐了，因為牠們的世界太小，實在容不下一條蛇。

而在湖裡生活的青蛙就不一樣了，因為湖足夠大，容得下不同的生物。人的心胸也一樣。一個人的胸懷如果太狹窄，是放不下意料之外的人和事的，這些不速之客的到來會干擾你的人生，讓你感覺不舒服。為了抵禦這種不舒服的感覺，你只好委屈自己，逆來順受。

這樣做，胸懷會越來越寬廣

放得下才能放下，能容就無須忍，胸懷小才會感覺委屈。

其實，委屈不僅無法撐大胸懷，還會傷身體。一個人長期感受委屈卻不懂得發洩的話，通常會導致兩種結果：一種是對外攻擊，變成怨恨；另一種是對內攻擊，讓自己抑鬱。

個案中的男士就屬於第一種，父親的偏心讓他備感委屈，他開始怨恨父親，甚至怨恨所有比他強的人。每當遇到這類人時，他就容易憤怒，向外攻擊。這不僅會破壞他的人際關係，還會影響他的健康。有人說「**憤怒是用別人的錯誤來懲罰自己**」，這樣說一點都不為過。

第二種傷害也不小。當一個人感覺自己受到不公平對待，因為弱小或其他原因不敢向外抗爭，而選擇向內攻擊時，他會認為：別人之所以會這樣對待自己，是自己不夠好、自己有問題，長此以往，會得憂鬱症，懷疑自己，懷疑人生，嚴重者甚至放棄生命。

不管是哪一種結果，委屈與撐人胸懷都沒有正向關係。相反地，委屈不斷，恰恰是胸懷不夠的結果。既然委屈無法撐大一個人的胸懷，那怎樣才能讓胸懷變大呢？心理學有一種方法叫「超越」。

人類是有情感的動物，遇到不如意的事情時，很容易被捲入情緒中，任由情緒牽制。其實，在自身與情境之間有一種空間感，而「超越」，就是創造這樣一種空間感，讓我們可以從一個具體的情境中抽離出來，從更高、更廣、更有效的時間和空間去看待事情，用新的途徑去達成你想要的效果。

超越的方法有很多，這裡分享三種。

●方法一：位置感知法

一個人會陷入困境，通常是站在自己的角度看問題所致。但不管一個人見識有多廣，他總有自己的盲點。位置感知法就是讓你從不同位置、不同角度，去看待同一個問題。當位置和立場不同時，看待問題的方式自然不一樣。

對前文所述的那位學員，我用的就是這種方法。我先用催眠手法讓他進入父親的角色，體驗父親再婚、重建家庭的不容易。這樣的位置互換讓他開始理解父親當年為什麼那樣對自己，也懂得了，面對強勢的繼母和幼小的弟弟，父親也有很多無奈。透過位置感知的轉換，他不僅接納了父親，還跟自己達成了和解。催眠結束後，他壓抑了多年的委屈慢慢消散，整個人柔軟、溫和了許多。

●方法二：時間線——從未來看今天，以終為始

有人說，時間是一劑良藥，可以治癒很多傷痛。當年那些看起來天大的困難，今天來看不過是小菜一碟。同樣地，你面臨的困難，這一刻也許壓得你喘不過氣來，但如果站在十年後的時空來看，壓根就不算什麼。所以，拉寬看問題的時間框架，會讓你的胸懷變大。

●方法三：看到更大的價值

同一件事情，有不同的價值。有人丟了戒指，鬱鬱寡歡，是因為他只看到了戒指的價值，卻看不到健康的價值；有人因為伴侶不小心損壞了財物而加以責備，是因為他只看到了財物的價值，看不到夫妻情感的價值；父母因為孩子考試成績不好而指責孩子，是因為他們只看到了成績的價值，看不到孩子心理健康的價值……這些例子在生活中比比皆是。

曼德拉當年能夠寬恕他的政敵，是因為他看到了國家安定、民族和諧的價值。當一個人在決策時能看到更大的價值，自然不會因為更小價值的損失而介懷，反而會打開胸懷，超越無意義的對立。林肯為了通過廢奴法令，曾跟政敵交朋友，同黨派的人對此十分不滿，認為他應

該用權力消滅那些異黨。林肯笑笑說：「當他們變成我的朋友時，難道我不是在消滅我的敵人嗎？」

當你感覺到委屈或者面對其他令你難過的負面情緒時，不妨試試這些「超越」的方法，也許你的胸懷不用去撐就會越來越寬廣。我們不要指望一味地容忍負面情緒就能撐大一個人的胸懷，那樣只會破壞你的人際關係，傷害你的身體。最好的方法是藉由這些情緒來自我察覺、修煉自己，努力讓自己變得柔軟、順應而隨處自在。

喜歡與討厭

——沒有你的允許，沒人能傷害你

有人討厭你，就一定有人欣賞你

「多個朋友多條路，多個敵人多座山」，這是我媽從小教我的道理。「君子和而不同」是孔子的處世態度。從一個目不識丁的農村婦女到聖人孔子，都知道和諧相處的重要性。「和」是中國文化的一部分。然而要做到「和」，談何容易？

負責微信公眾號的同事小琳跟我說，她一氣之下封鎖了一個粉絲，我笑了笑問她：「現在要增加粉絲這麼難，你怎麼還拒人千里之外呢？」她很委屈地說道：「團長，你不知道那個人有多過分，最近我只要發文章，她總會第一時間跑到留言版罵我、攻擊我，不是說我寫的文章

觀念不正，就是說我選的是雞湯文，會誤導人、害人……」

辛辛苦苦熬夜寫原創文章，沒有帶來多少的流量，卻遭到不少的攻擊，難怪小琳會如此委屈。

誰都希望得到別人的認可，可是，有人欣賞你，就一定會有人厭惡你；有人讚美你，也一定會有人責備你。每個人都會站在不同的立場、不同的角度看待你的言行，立場和角度不同，也就決定了得出的結論不同。所以，別人口中的你並不是真的你。在表達不同意見的時候，並不是每個人都能做到孔子「和而不同」的境界，缺乏修養的人往往很容易演變為攻擊。

那面對攻擊，我們該如何因應呢？像小琳面臨的問題就容易解決了，選擇「隱藏」或者「刪除」那些攻擊的人就行了，這叫眼不見為淨。可是，生活中沒這麼簡單，我們總不能把同事、鄰居、親人都一個個地「封鎖」吧？

昔日，寒山問拾得[6]：「世間有人謗我、欺我、辱我、笑我、輕我、賤我、惡我、騙我，如何處治乎？」拾得云：「只要忍他、讓他、由他、避他、耐他、敬他、不要理他，再待幾年，你且看他。」

我們沒有拾得那樣的定力可以「再待幾年」，於是大多數人奮起還擊，以其人之道還治其人之身，結果把自己變成了自己曾經討厭的那類人。有沒有一種辦法，可以讓我們在面對他人

[6]編註：兩人皆為唐朝的詩僧，隱居於天台山。

的謾罵、攻擊時，不僅能夠禮貌又智慧地回應，不讓自己怒火攻心，還可以爭取和對方成為朋友呢？我的回答是：有，這種方法就是心理學。

能被我們看到的，都是他人在意的

在這裡，與大家分享一個NLP裡面經常用到的小工具：智慧語言模式。即在與人溝通時，對語言進行「上歸類」、「橫歸類」和「下歸類」——上歸類尋求共識，橫歸類增加選擇，下歸類找到具體解決方法。

所謂**「上歸類」，就是找到行為背後的正面動機。**NLP認為，每個行為背後一定有其正面動機，我們也許不能接受某種行為，但行為背後的正面動機一定值得我們肯定。

比如小琳封鎖的那個粉絲，她攻擊小琳的文章這個行為背後的正面動機是什麼呢？至少有以下幾點是值得肯定的：她及時地發表留言，說明她很關注小琳這個公眾號；她擔心小琳的文章會害人，說明她是一個善良的人，也很在乎小琳的形象；她能夠分辨什麼是雞湯文，說明她是一個愛讀書、會讀書的人……能被我們看到的，都是他人在意的。如果我們能夠看到並肯定這些，她就會感覺自己被尊重了、被看到了，感覺有人瞭解她、懂她，於是她的心門就會為你而打開，這就創造了後續溝通的可能性。

其次，進行**橫歸類，就是在同一個層次，看到更多的可能性，讓他從單一的焦點中走出來，看到更多的可能。**我們還是回到小琳封鎖粉絲的例子，在充分肯定了粉絲的正面動機之後，你可以對她說：**「我知道你不厭其煩地跟我說那麼多，都是為我好，可是為我好的方法有很多，除了老是批評我，可不可以給我一些改進的建議呢？」**

最後，再進行**下歸類，找到具體的方法**。當對方由指責變成建議後，他也許會提供不少有價值的方法給你，你從眾多方法中選取一個可行的方法，去跟他討論如何更詳盡地具體執行，並對他表示感謝。這樣，一個攻擊你的網友很快就變成你的免費顧問了。這是一件多麼美好的事情，難道不是嗎？

關係陷入僵局？試試「智慧語言模式」！

小琳按照我教的方法去處理和粉絲的關係之後，獲益良多。有一天，她很開心地跑過來和我說：「團長，你教我的那個方法真好用，現在已經沒有什麼評論能激怒我了，我和粉絲也成了很好的朋友。前陣子留言罵我的那個粉絲，經過一番互動後還向我道歉了！謝謝團長，分享了這麼好用的方法給我。幾乎沒費什麼力氣，就將負面評論的負能量完全轉化成正能量了。真的太棒了！」

當然，現實生活中因應攻擊可沒有小琳那麼簡單，因為面對面時，你會受到情緒的影響。但無論如何，這個方法值得你去嘗試。以後，當你面臨他人的質疑、謾罵，甚至是攻擊時，不妨試試智慧語言模式，先上歸類求共識，然後橫歸類增加選擇，最後下歸類找到具體執行的方法。

我相信這樣一來，我們和同事、上司的關係，和父母、子女的關係，和愛人、朋友的關

係，都會得到改善，我們還可以和那些人成為朋友，生活也會因此而變得更加和諧、美好！

最後，我想和大家說的是，**面對語言的攻擊，我們其實並沒有受到傷害，只是感覺到了受傷害**。我們要學會，面對他人的讚美，報之以微笑，不全當真；面對他人的貶損、攻擊，不惱羞成怒、反唇相譏。**他人的喜歡與討厭，都與自己無關，做自己就好。沒有你的允許，沒有任何人可以用語言來傷害你。**

自信與自負
——你以為的自信，只是自負而已

沒有失敗，只有回饋

一名讀者問我：「團長，你的文章總鼓勵我們相信自己，這是好事，我很認同。但自信過度的人會不會變得自大呢？」這是一個很有趣的問題，我想不少人會有類似的困惑。

很多年以前，我為了舉辦一個「知識經濟」的巡迴演講，幾乎把當時廣東的傑出青年都拜訪了一遍。其中，A市的那一位讓我印象最為深刻。他是位青年才俊，精幹帥氣，才二十八、九歲，可謂少年得志。跟他合作的過程中，我能夠深切地感受到什麼叫春風得意，因為好像沒有他辦不成的事，所有難題到了他那裡都會迎刃而解。每次見到他，他都是自信滿滿的樣子。

後來他成了A市的副市長，一路平步青雲。沒想到受一個突發案件的影響，遭受了牢獄之災。刑滿釋放後，他突然就像人間蒸發一樣，我們誰都找不到他。他讓自己躲起來，不願意再去見當初的朋友。

你身邊是不是也有這樣的人？有錢有權的時候，他們看起來自信滿滿，甚至高高在上，不可一世。一旦失去財富、地位，整個人就瀕臨崩潰，消極頹廢，失去了直面世界的信心與勇氣，甚至為此放棄生命。

誰的人生都不可能一帆風順。我的老朋友何西在商界打拚多年，他也曾遭遇過一次人生的滑鐵盧，不同的是，他在人生低谷時，依然自信滿滿。

幾年前，他公司因資金鏈斷裂而破產，欠下了三千多萬元債務。當時，大家都挺擔心他的，生怕他沒了鬥志，突然想不開。當我試圖安慰他時，他的一番話卻讓我大為感動。

他笑了笑對我說：「團長，請放心，我沒事。你不是經常跟我說：『沒有失敗，只有回饋』嘛！我只是暫時投資失利而已，只要生命還在，一切都可以從頭再來！唯一的不同是，以前坐頭等艙，現在只能坐火車了；以前住五星級飯店，現在只能住小旅館。**我的生活方式改變了，但我還是我啊，並沒有什麼改變。**」

可惜的是，我們絕大多數人一次登頂，就以為自己贏得了眾星捧月般的人生；一次墜落，就覺得自己掉入了萬劫不復的深淵。為什麼有些看起來自信爆棚的人，一旦時運不濟就自卑到無以復加，有些人就算是在人生低谷也能自信滿滿？究竟什麼才是自信？那些看起來不可一

世、目空一切的人，真的是「自信過度」嗎？

為什麼有些人自信滿滿，卻又不堪一擊？

自信，是指個體對自身成功應付特定情境能力的評估，是一種發自內心的自我肯定與相信，是對自身力量的確信，深信自己一定能做成某件事、實現所追求的目標。

自信通常跟做某件事的能力有關。比如我有演講能力，所以對於演講這件事，我很有自信；我唱歌沒有天賦，在唱歌方面，我沒有自信。但我不會因為自己歌唱得不好而否定自己。**就算我在某些方面有弱點、有不足，我也不會因此而懷疑自己，依然對自己這個「人」充滿信心。在這裡，這種信心叫「自尊」。**

自尊，是指個人基於自我價值而產生和形成的，一種自重、自愛與自我尊重。自尊是一種自我價值感，是對自己綜合價值的主觀評價。如果沒有特指某一具體事情，一般人所說的自信（例如某某是一個自信的人），其實就是自我價值感，或者叫「自尊」。

而人們所說的自大，是指自以為了不起。很多人都有過這樣的經驗：我們身邊總不免有這樣一號人物存在——他們總是一副自信滿滿的樣子，甚至有點盛氣凌人，或者對別人不屑一顧。這些人講起話來，讓人乍聽之下覺得他很厲害、很在行，沒有他不知道的，他似乎成功在望、不可限量。然而相識久了，卻發現他總距離理想「一步之遙」，說話也言過其實，不可盡信。久而久之，大家會知道，某某是個自我膨脹的傢伙，對他的信任度也大打折扣。

自大的人喜歡把自己的地位、財富，在團體中的作用和可利用價值等看得過分重要，他們喜歡誇大自己在團隊中的價值。與之相似的狀態還有自負和自傲，「自負」是自己過高地估計自己的能力，「自傲」指自以為比別人高明而感到驕傲。

從上面的定義可以看出，**一個人是否有自信（自尊）與事情無關、與能力無關，它是一個人發自內心地相信自己、不依賴任何事的一種能力。**而自大、自負、自傲這些狀態都跟所做的事或能力有關，都要以能力或所做的事為依託；一旦這些賴以依靠的能力或事不再存在時，整個人的價值感都會坍塌。

而自尊剛好相反，這種感受因為不依賴任何外在的東西，所以即使遭遇失敗、挫折，他也會認為這是暫時的，他有能力跨過去。失敗和挫折，並不會影響一個高自尊的人對自己的信心。

為什麼有些人有時自信滿滿，有時卻又不堪一擊？答案很簡單，他們的自信都是建立在某件事情上的。當他們成功時，他們有自信，甚至自負、自大、自傲。可惜的是，他們對自己本身並沒有信心，因此，一旦賴以建立信心的事情遭遇挫折和失敗，他們整個人就會跟著崩潰。

何西之所以能在人生低潮時依然淡定從容，很大程度是因為他學習了心理學。他知道困難是暫時的，人是會成長的；人的一生會做很多事，失敗只是其中的一件。他也知道，**所謂的「失敗」，只不過是事情沒有達到期望的效果而已。**假如還有明天，事情還沒有結束，一切皆有可能，何談失敗？而他身為人的價值也並不等同於他所做的事，所以，他的自信是建立在對自己本身價值的充分認可上，並不會受事情的成敗影響。

由此可知，一般人所說的自信其實分兩種——

一種是建立在自己所做的某件事情上的自信，這種自信會因為過度而演變成自大，其實是一種虛假的自信，是自卑！是因為對自己缺乏信心，所以才需要依賴某件事情來建立信心，彷彿自己人生的價值只有透過外在的成功來證明。這樣的自信是危險的，因為一旦賴以支撐其自信的外在事物消失，人生也會跟著坍塌。

另一種是對自己這個人的自信，是自己相信自己，即使他人把我貶得很低、很不堪，即使我遭遇了挫折、失敗，可我瞭解自己，知道自己依舊存在閃光的地方，知道自己能成事。這種自信不以任何外在的事物為衡量標準，是發自內心地、無條件地主觀相信，這才是真正的自信。如果是這種自信，就不存在過度的問題，因為越是自信的人就越平和、越不居功自傲，他根本無須依賴任何外在的事物去證明自己，他們相信自己，並尊重他人。

一個有錢人無須去證明自己有錢，自信也一樣。因此，自大、自負、自傲恰恰是自信不足的表現。正因為不夠相信自己，所以才需要依賴別的東西來證明自己，才會用自大對自我進行過度補償。換句話說，自我膨脹是自卑的表現，自負與自卑，就像是一枚硬幣的正反面一樣，聯繫密切，不可分割。

心理學認為，個體會透過迴避現實來避免接受自己的弱小感，所以弱者為了避免感受弱小感，會用自大、自負、自傲等自我膨脹的方式進行自我防衛，這種防禦既能避免自己弱的一面被人看到，也能不被自己看到，因此，很多時候他們活在自我欺騙裡，不僅無法讓自己變得強大，反而更容易遭遇挫折和失敗，陷入新一輪「挫敗—自卑—防衛—自我膨脹」的惡性循環。

真正的自信，只能向內修煉和成長

既然自大並不是自信過度，相反地還是自我價值不足的外在表現，會影響我們對自己的客觀評價，那我們該如何面對自大呢？

●首先對自己

當你覺察到自己有自大或者驕傲的行為時，問問自己：

我的價值真的需要這些外物去證明嗎？

如果有一天我不再富有、不再掌權、不再優秀，別人不再追捧我、喜歡我，我還能為自己感到驕傲嗎？

如果我的自信、我的驕傲離不開這些外在的東西，那我身上值得驕傲的也只是那些外物而已，跟自己有什麼關係呢？

要依賴這些東西才能驕傲，我真正的價值在哪兒呢？

這些問題能夠讓你清醒地看到，你的自大恰恰是因為自卑所致，你就不用再去偽裝自己，瞭解並接納自己在某些方面的弱小和不足，重新回歸自我成長的路上，讓自己由內而外地散發自信的氣息。

●其次對他人

如果你需要與一個自大的人打交道，請先喚醒自己的慈悲心，用你的慈悲心去看到，這個自大的人之所以這樣，是因為他的內在十分脆弱。

如果你能透過他看似堅強的外表，看到他隱藏的那顆脆弱的心，你就不會跟他計較。面對這樣的人，要多肯定、鼓勵他們，因為只有當他們的內在越來越相信自己時，他們才能從自大的狀態回歸平和的心態。

真正的自信源於心靈、源於內心那份平和與喜悅，以及對自身力量的確信，只能向內修煉和成長。只有對自我和環境擁有較為客觀的認識，覺察最真實的自己、接納不完美的自己，如此才能獲得穩定而恰到好處的自信與自尊。心靈成長的路上，我們一路前行。

你是孤獨？還是單獨？

「一個人」待著，其實包含了兩種情緒狀態：
一種是感覺孤獨，另外一種是享受獨自一人。
一個孤獨的人，就算身處人潮洶湧的繁華街頭，就算身邊人聲鼎沸，他的心依舊是孤獨的。
一個單獨的人，他的世界不是封閉的，與他人是有連結的。

這就是孤獨跟單獨的不同——
是否與這個世界連結。

灑脫與冷漠——你以為的灑脫，可能是一種病

現在多愁善感的我，其實比過去灑脫多了

在療癒課堂上，每當案主敞開那些創傷經歷時，通常全場學員都會眼含熱淚。但總有一些學員，不管別人如何悲慘，他們總能淡定、灑脫地面對。

可是，這樣深藏起自己的情緒，喜怒哀樂不上臉，就真的是灑脫嗎？

我曾經就是這樣「灑脫」的人。記得第一次進入療癒課程時，我一直試圖逃離。因為學員們的情緒表達太感性了，每次做諮商都會有人掉眼淚，尤其是女學員，甚至嚎啕大哭。而引發他們哭泣的那些事，在我看來實在算不得什麼，是每個家庭都會發生的芝麻綠豆般的小事。

「他們怎麼那麼脆弱？淚腺怎麼那麼發達？」對著那些涕淚橫流的人，當時的我真的很難理解。男兒有淚不輕彈，男人怎麼能隨便掉眼淚?!

還有一次在深圳參加一個呼吸工作坊，那是一個非常特別的課程，特別到保安也循著哭聲匆匆趕來，可想而知，那是一種怎樣的嚎啕大哭，才會引起保安的誤會。可是，就算是在這樣的氛圍中，我也不為所動。我還清楚地記得，班上有四十多人，我和另外三個男學員被老師稱為「四大金剛」，因為我們最「堅強」，整整五天的課程，一滴眼淚都沒有流，眼圈都沒有紅一下。

可是當年十分「灑脫」的我，今天卻變得多愁善感了，雖不至於「感時花濺淚」，但確實很容易被生活瑣碎的事情感動。

兩個禮拜前，我家的貓失蹤了，我們朝夕相處了三年多，牠的離開對我來說是一件很悲傷的事，即使現在想起來，我心裡頭還是澀澀的。一隻貓的離開都會如此，面對人生的悲劇就更不用說了。無論是在課程中，還是進行諮商時，我的心總會跟隨案主們講述的故事九曲十八彎。

是我退步了嗎？當然不是。恰恰相反，這正是我多年學習帶來的進步。因為，現在看起來多愁善感的我，其實比過去灑脫多了。

灑脫是接納，而冷漠是隔離

為什麼這樣說呢？我們先來看看什麼是灑脫。

一段關係結束時，一臉無所謂地轉身就走嗎？

或者親友離世時，面無淒色，如常生活嗎？

為什麼看起來很酷、喜怒不形於色的人，真正遇到事情時，往往放不下；而另一些人平常看起來多愁善感，一旦事情發生反而能夠處之坦然？

灑脫並不是輕視身邊的人和物，或者不去珍惜已經擁有的一切。灑脫是真正地放下，真正地接納生活給予的一切。

灑脫的人對生活、對身邊的人或物，都非常重視、非常珍惜。因為他的內心豐盛而富足，所以當不得不失去、不得不放手時，他會坦然面對。

灑脫的人不是沒有悲傷，而是在悲傷之後，可以平靜面對經營的損失、可以真心祝福離開自己的伴侶、可以坦然付出情感而不計較回報有幾何……之所以可以這樣，正是因為他們內心能量滿滿，他們無須掩蓋悲傷；也是因為這份力量，他們才能從容面對失去。

灑脫的特質在孩子身上表現得最清楚。

如果你去留意，會發現當你從孩子那裡拿走一個玩具時，他並不會特別在意。為什麼？因為他內心富足，堅信這個玩具只是暫時失去，以後他還會再度擁有，甚至擁有更多。所以，他根本不用擔心，更無須恐懼。

灑脫絕對不是冷漠。你看孩子就知道了，孩子的情感世界是非常豐富的，喜怒哀樂，每一種情感都被他表達得驚天動地。哭起來是傾盆大雨，笑起來是滿園春色。因為一個生命力豐富的人，肯定有敏銳的感受能力，但他不會執著於某種感覺。這就像孩子，有很好的感受力，傷

心就哭，但哭完就放下了；高興就笑，分秒不遲。所以孩子們經常眼眶裡的淚水還沒滾落，笑容又上了眉梢——這才是真正的灑脫。

灑脫不是不在乎，不是沒感覺。那些對一切都不在乎、對一切都感受遲鈍的人不是灑脫，是冷漠。

冷漠是一種隔離，是不願意碰觸那些引發不良感受的事情，而採取的一種防衛態度。這樣的人，在任何時間、任何地點，面對任何人，他都會把焦點放在某種形式上，要不沉迷於玩樂，要不沉迷於工作。**當他沒有具體事情可以聚焦時，就算他跟關係最好的朋友、最親密的伴侶在一起，他也感覺渾身不自在。這就是冷漠的最大特點。**

一個人之所以會選擇用冷漠來面對世界，用隔離來應對世情，是因為他內在的力量不足，所以不敢面對自己的脆弱。所以，冷漠是內在匱乏的外在表現，是因為害怕失去或者得不到而採取的一種逃避方式。因為害怕而不敢去嘗試，也是一種冷漠——對事的冷漠。

所以，你所認為的灑脫可能是一種病，一種名為「冷漠」的病。

讓人變得脆弱的東西，也讓人變得美好

那怎麼辦呢？第一步，我們要學會分辨灑脫和冷漠。

灑脫的人和冷漠的人最大的不同，就是內心是否富足。當一個人內心富足時，他的情感是豐富的，因為他內心充滿力量，所以，他敢於敞開自己，去充分感受和體會；同時，也因為他

有力量，才可以真正灑脫地面對人生的種種不得已。

而冷漠的人剛好相反，因為他內心是匱乏的、脆弱的，所以，他需要用各種防衛機制來保護那顆脆弱的心。而假裝的灑脫就是其中一種保護形式。這種假裝的灑脫，其實是一種逃避。

如果你得了一種名為「灑脫」的病，就要好好對症治療了。

●首先：不要假裝灑脫，這樣只會讓你變得冷漠

勇敢去經歷生命中的種種不易，承認它、感受它、面對它，去填補內心的匱乏。只有這樣，你的內心才會真正變得富足，那時，你自然而然就會真正灑脫起來。

●接著：去覺察。若你覺察到自己在假裝灑脫，看到它，勇敢地接納它

偽裝灑脫是需要花費精力的，我們為何不把這些力氣放在自我能力的提高上呢？當你有足夠的能力時，信心自然就足了。承認事實比什麼都有力量，當你充滿力量時，面對挑戰就不會逃避、退縮，也就有足夠的灑脫了。

那些七情不上臉、喜怒不形於色的人，不是真正的灑脫，僅僅是冷漠而已。而那些真正灑脫的人，一定感情豐富。因此，我想對那些情感充沛的女士說：其實你們離灑脫更近一點，

因為面對生命中的喜怒哀樂，特別是悲傷和傷痛時，你們更勇敢。只有當你真實面對自己的悲傷和傷痛時，你才有機會去療癒它們，才會更容易從傷痛中走出來。當你開始勇敢地療癒創傷時，你會一天比一天更灑脫。

那些不敢面對自己創傷的人，他們的創傷永遠都在，一輩子都在。為了掩蓋那些不敢面對的痛苦，他們只能用一層又一層的外殼去包裝自己，偽裝成灑脫。這樣也許他們一輩子都做不到真正的灑脫。

經過這麼多年的學習和成長，我的內心越來越有力量了，雖然還沒達到真正的灑脫，但我知道自己一直在路上。希望有更多的人像我一樣，勇敢地面對自己的匱乏，勇敢去療癒自己。因為只有勇敢地直面、接納、經歷自己的傷痛，我們才能走向灑脫。

正如布芮尼・布朗在《脆弱的力量》中講的那樣：「**讓人變得脆弱的東西，也讓人變得美好。**」

微笑與憂鬱

——你可能不知道，這種快樂「有毒」

也許你對金凱瑞這個名字陌生，但你一定看過他主演的電影《楚門的世界》、《阿呆與阿瓜》。他曾是好萊塢片酬最高的男星，一部影片報酬高達兩千萬美元，他的每部電影都能讓觀眾笑出腹肌。對他來說，迎合觀眾的趣味再簡單不過，為滿足觀眾「快來看傻瓜」的心態，他永遠都能在電影中自毀形象、搞怪耍賤。

其實，我們身邊有不少像金凱瑞這樣的人，他們雖然並不是什麼大腕、名人，但隨時都能給你帶來歡樂和笑聲。以前我非常羨慕這樣的人，以為他們生活的每個角落都充滿了陽光。直到我走進了心理學的世界，才知道，他們陽光的外表下，不知掩蔽了多少不為人知的創傷。

最熱鬧的地方，寂寞的人最多

樂天就是這樣一個人，她聲音洪亮、笑聲爽朗、鬼點子多，有她在的地方總是充滿了歡樂，很多人都喜歡她。這樣的樂天派，好像總能帶給大家滿滿的能量。可是我卻很怕她出現在我的課堂，特別是帶有療癒性質的課程，因為當我做個案示範時，需要讓案主進入情緒狀態。每當這時，她都會透過打岔的方式破壞當時的情景，讓悲傷的氛圍瞬間變得歡樂，理由是：「這樣哭哭啼啼的場面，我不喜歡。」我心裡想，你總是表現得如此快樂，你的內心該有多悲傷啊！

我知道她需要時間，也需要勇氣，所以一直在等待。直到在一次完形的練習[7]中，她終於嚎啕大哭，哭得那麼徹底、那麼撕心裂肺。看著平時那個正能量滿滿的「小太陽」哭成個淚人，其他同學唏噓不已。

原來，她之所以努力變得陽光，是不想讓自己的世界太過黑暗。身處黑暗之中，周圍一片陰黑寒冷，沒有一點光，也看不見希望，這種感覺實在太寒冷了。

---

[7]作者註：對於心理學的研究對象，完形心理學從現象學的理論出發，主要以「直接經驗」或「間接經驗」作為其研究對象，具體而言，就是指意識組織結構和整體行為。

「從小我就是由爺爺奶奶帶大的，爸媽一直在外面忙。媽媽好凶，每次她從外地回來，我都很害怕。記得有一次，我悄悄拿了奶奶十塊錢，去買一個小東西，被她發現了。她一句話沒說，轉身就去廚房拿了把菜刀，厲聲問：『是哪隻手拿的？』當時，我整個人都嚇呆了。」她盡情地痛哭過後，開始啜泣著跟我們訴說她的故事。「奶奶去世後，我覺得這個世界徹底拋棄了我，那段日子我很痛苦，不敢面對，我學會了逃避，不去面對那些不開心的事情。漸漸地，我變成了一個快樂的人，我也以為自己真的變得很快樂了，沒想到這些傷心的事情還在。可是，團長，你為什麼要我把這些不開心的事情翻出來呢？」

「平時你一個人安靜的時候，感覺怎麼樣？」我沒有正面回答她的問題。

「我哪有什麼安靜的時候？你知道我是一個靜不下來的人，我朋友多、節目多，我會讓生活充滿歡樂的。」她突然好像變了個人似的，由剛才的淚人兒變成了樂天派。

「夜深人靜一個人的時候呢？」我知道，最熱鬧的地方，一定有最多寂寞的人。

「睡覺啊！我會把自己搞得很累，回家就睡覺了。」

「睡不著的時候呢？」我沒有放過她，繼續追問。

「喝酒吧，喝醉了就睡得著了。」她的聲音開始變低，臉上浮現難過的神色。

「這樣的生活，你真的享受嗎？」

她沒有回答我，但我知道她心中已經有答案了。

悲傷時，真實地悲傷；快樂時，才能真正地快樂

黑夜與白天交替，有陽光就會有陰影，有快樂就一定會有悲傷。一個允許自己感受各種情緒的人，才是真正健康的人，他悲傷時真實地悲傷，快樂時才能真正地快樂。那些看似永遠快樂的人，並不是沒有痛苦，他們只是用麻木去掩飾痛苦，讓自己看起來快樂而已。

為什麼他們會這樣呢？這與一個人的應對模式有關。美國著名心理學家薩提爾女士認為，在不同的成長環境影響下，人會形成四種不同的應對模式：指責、討好、超理智、打岔。像樂天這樣的性格就是典型的「打岔」模式。他們看起來無憂無慮、積極樂觀、不受規則限制、充滿創意，是人群中的忘憂草、開心果，但面對不開心的事情時，他們一定會馬上轉移話題。你看到的他，永遠是與一群人在狂歡；你看不到的是，夜深人靜時，他一個人的孤單。

如果不是學過心理學，看過無數個打岔的個案，我永遠也不會知道，看起來永遠開心的人，卻是離生命最遠的人。

每個人的應對模式都形成於自己的童年。在嬰兒時期，我們就會透過父母的觸摸、語氣以及聲音，來判斷和理解他們的意思。那時的我們會把父親強有力的雙手或母親焦慮的言語，解讀為充滿威脅和缺乏愛心，儘管父母當時並沒有這樣的意思。當童年經歷了太多太多的痛苦時，有的孩子會發現，透過遺忘和轉移注意力，可以讓自己很快地遠離痛苦，於是，這種模式就會一直延續在他的生命裡。

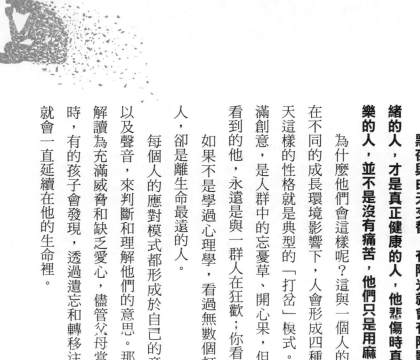

漸漸地，他們成長為幽默搞笑的高手，即使遭遇痛苦的事，也能想方設法轉換話題來分散注意力，遠離它、逃避它，不去感受痛苦。他們對快樂的追求看上去是一種積極的表現，實際上，是為了遮掩內心想要逃脫痛苦的掙扎。

情緒只是一種能量，沒有好壞之分

人生總會有不如意的時候。如果我們跟樂天一樣有不堪回首的往事，該怎麼辦呢？金凱瑞是全世界最搞笑的演員，卻從來沒把自己逗笑過。著名喜劇演員陳佩斯曾說：「**喜劇演員都是把自己當作祭品奉獻給觀眾。**」而對金凱瑞來說，他的獻祭尤其痛苦。金凱瑞出生於貧困家庭，為了逗樂床榻上的母親，他從小就逼著自己變得滑稽搞笑。沒有人比他更擅長表演笑容，但也沒有一個人能真正體會他內心的痛苦。後來，他被診斷患有憂鬱症，從此淡出觀眾視野。

當人們再次看到金凱瑞時，他已經從一名演員變成了一名畫家。他說：「**你可以從我的畫作裡看到我內心的黑暗與光明。畫畫讓我得以從對過去的追悔與對未來的憂慮中解放。**」這兩句話讓我很感動，畢竟不是每一個深陷「快樂陷阱」的人都有勇氣和力量這樣剖析自己。

一個不允許自己感受悲傷的人，是不可能真正感受快樂的；一個不允許自己感受痛苦的人，也無法真正感知幸福。更何況，永無止境地尋求快樂，這本身就是一件非常痛苦的事情。當我們習慣於壓抑、逃避，或者是裝作痛苦從來沒有發生，自己看似活得很開心，這時的你其實並不是真正獲得了快樂，你只是對痛苦麻木了而已。與此同時，痛苦也並不會因為你壓抑、

逃避就消失不見，它深深地埋藏在你的潛意識裡，一旦有相似的情況發生時，痛苦的情緒就會被觸發。

其實，**任何情緒都有其功能，沒有所謂的好壞之分。情緒是屬於自己的，不管是「正」還是「負」，都是我們自身的一部分，是一種能量，也是生命的資源。**面對各種情緒，我們要學會去接納，去全然地感受它在身體裡的自然流動，而不是排斥它，更不能抗拒它、忽略它。

陰陽本為一體，只有我們能與自己的感受合而為一，與自我深深地連結在一起，與各種不同的情緒和諧、自如地相處，我們才會充滿能量地過好每一天。同時，只有懂得善待自己情緒的人，才能夠善待他人的情緒，他也才是一個真正有能量去接納他人的人，才能從微笑的面具後走出，活出最真實的自己，成為真正溫暖他人的「發光體」。

孩子其實並不是你們的孩子
他們是生命對自身渴求的兒女
他們借你們而生
卻並非從你們而來
儘管他們與你們同在
卻並不屬於你們

你們可以把你們的愛給予他們
卻不能給予思想
因為他們有自己的思想
你們可以庇護他們的身體
但不是他們的靈魂
因為他們的靈魂棲息於明日之屋
那是你們在夢中也無法造訪的地方

你們可以努力地造就他們
但是不可企圖讓他們像你
因為生命無法倒流
也不會滯留於昨日

你們是弓
而你們的孩子就像
從弦上向前射出的生命之箭
那射者瞄準無限之旅上的目標
用力將你彎曲——拉滿弓
以使手中的箭射得又快又遠
應為射箭者所造就的一切而欣喜
因為他既愛飛馳的箭
也愛手中握著的穩健的弓

——**紀伯倫**（Kahlil Gibran），〈孩子〉（On Children）

第三章

穿越關係的十道屏障

——別人怎麼對你，都是你教的

你否定了我的所有，讓我如何與你溝通？

有個讀者給我留言說：**「團長，我們公司的主管非常固執、獨斷、專橫，聽不進任何建議，採用所謂的『狼性管理』模式來管理我們，一點都不理會員工的死活。我覺得工作壓力很大，但我要怎麼跟主管溝通呢？」**

這番話是不是說出了你的心聲？你是不是經常碰到聽不進你的話的人，導致溝通無法繼續？面對那些聽不進別人意見的人，我們該如何與之溝通？真的存在著無法溝通的人嗎？

每個人都想證明自己是對的

我們不妨站在那些「無法溝通」的人的角度來看看：是什麼讓他們這麼難溝通呢？我偶爾

也會被某些人定義為「無法溝通」的人，所以，我想透過現身說法來探討一下，如何才能跟那些無法溝通的人溝通。

拿我們公司發生的一件事情來說，有一門課程因會場安排衝突，需要換到另一家飯店上課。這門課程分三個階段。前兩個階段，學員都非常滿意，沒有任何人對老師或課程提出異議。可這次調整了上課地點後，其中一名學員因為新飯店離她家遠了些，便提出抗議，要求全額退款。她的理由很有意思，她並不是因為更換場地要求退款，而是對我們的課程、老師、工作人員進行了全盤的否定，說課程不好、老師很差、客服態度不好等，總之，把我們說得一無是處。

這名學員從客服、業務經理、總經理一直鬧到我這裡。本來她對我的評價還不錯，可是這一次她為了證明我們是錯的，連我也全盤否定了，因為我沒有同意她的無理要求，她就給我貼上了一個「無法溝通」的標籤。

從這個例子中，也許你已經看到了，**有些人為了證明自己是對的，會用盡一切辦法去證明對方是錯的。可是，你有沒有想過，當你否定了別人的所有，又如何讓他們與你溝通呢？**

這樣的現象，在親密關係中也很常見。

我為一對夫妻做過諮商，他們覺得這段二十多年的婚姻已經無法挽救了。當他們坐在我面前時，太太就開始說個不停：「我真的對他挺無奈的，這麼多年，我說什麼他都聽不進去。」

我好奇地問：「你對他都說了些什麼？」

太太好像是受到了鼓舞一樣，「那可多了，叫他少喝酒，他不聽；叫他少吃肉，他不聽；

叫他多運動，他不聽。現在體檢結果顯示血脂高、膽固醇高。我一片好心給他煮地瓜稀飯，他倒好，居然把稀飯給倒了——」

坐在一旁的先生忍不住了，打斷道：「誰願意聽你的啊？我都快五十歲了，你總把我當作孩子，告訴我這不對、那也不對。我不想再多一個囉嗦的母親。在你面前，我好像一無是處，這樣的日子我不想再過下去了。」

這樣的日子，我想誰也不願意過。人生最痛苦的事情莫過於——辛辛苦苦地找到一個人，結果自己在他面前活得一無是處。就像網友說的：本來想找一個人為我遮風擋雨，沒想到所有的風雨都因你而起。這，也許是婚姻失敗的原因之一吧？

其實何止婚姻？生活中各方面都存在這樣的情形：孩子不聽我們的，一和他說什麼就直接走進房間，沉浸在自己的世界裡；老闆不聽我們的，一提意見就會被認為是在找藉口，不關心員工，只知道盈利和賺錢；朋友不聽我們的，明明是為他好，給他建議，可他就是固執得不聽勸。

真的是別人難溝通嗎？還是有什麼你沒發現的原因呢？

對方無法溝通？還是你讓對方變得無法溝通？

假如一件事，一百分是滿分，一般情況下做到九十分已經很不錯了。可是，身為父母、伴侶、主管、朋友，我們是習慣看到對方已經做到的九十分呢？還是把焦點放在對方沒做到的十分呢？顯然是後者。

就像一個孩子考試考了九十分，父母卻說：「為什麼不是一百分？怎麼這麼粗心，連這麼簡單的題目也做錯，太差勁了吧？」站在孩子的角度，本來以為九十分已經是不錯的成績了，沒想到卻遭到了父母的一連串批評。他會有什麼樣的感受呢？

每個人都想證明自己是對的，當你去批評和指責對方做得不夠的百分之十時，他自然會想盡一切辦法向你呈現他已經做到了的百分之九十，於是，爭吵就會因此而起。其實，爭吵的雙方都是對的，只是因為雙方所站的角度不同，關注的焦點不一樣而已。

這就是「無論你說什麼，對方完全聽不進去」的重要原因，因為他正在全力以赴地證明自己是對的，他又如何能看到你的焦點呢？何況，一旦他同意了你的說法，就等於承認自己錯了。試問，又有多少人的自我價值高到可以坦誠地承認錯誤呢？

當你把焦點放在對方暫時做得不夠的地方時，你無形中已經把他放在了「錯」的位置，這自然就觸發了他的防衛機制，他的心門也就因此而關閉了。當一個人的心門都關閉了，你要如何與他溝通？所以，究竟是對方無法溝通？還是你讓對方變得無法溝通的呢？

一句「我懂你」，勝過千言萬語

沒有無法溝通的人，只是你暫時沒找到與他溝通的方法而已。

從心理學的角度看，溝通的方法其實很簡單，就是首先要去看到對方已經做到的部分，然後可以與對方一起探討如何做得更好。把他先放在對的位置，再告訴他還可以做得更好——如果能這樣溝通，又有誰不願意聽你的呢？

回到前面的例子，如果那名學員這樣跟我說：「你們的課程很好，我從中學到了很多，謝謝你們能辦這麼好的課程。我來上課原本是不用住飯店的，這次因為上課地點換了，離我家遠了，我不得不住飯店。我的經濟不太寬裕，希望你們能把最後這個階段的學費退給我。等你們下次回到原來的飯店開課時，我再補回這個階段，你看可以嗎？」

試問，誰能拒絕這樣的要求？

大千世界，茫茫人海，我們每天都少不了與人溝通。其實，沒有難以溝通的人，只是我們全盤否定了對方，導致對方啟動了防衛機制，阻斷了雙方的溝通。**只要你看見對方已經做得好的地方，把對方放在對的位置，讓他信任你，感覺放鬆又安全，他自然願意接受你的建議。無論是溝通、談判，還是與人相處，道理都一樣。**

帶著一分誠意、幾分覺察和些許技巧，你就能輕鬆、智慧地與他人溝通。當一切觀點建立在**「我懂你」**的基礎上時，整個世界都會為你而微笑。

為何給了你我的所有，你卻仍覺得我不愛你？

只是給予，就能得到愛情嗎？

電視劇《我的前半生》播完後，微信朋友圈、公眾號裡很多人都在分享原著作家亦舒的經典文字。其中，被人按讚、分享最多的當屬喜寶（亦舒另一部小說《喜寶》的女主角）說的這句：「**我要很多很多的愛，如果沒有愛，那就給我很多很多的錢。**」這句話如今依然被無數女性奉為金句。「要麼給我愛，要麼給我錢，要麼給我滾」這種觀念在某種層面反映了，部分人在感情中會把金錢的給予當作愛對方的方式。其實，不只是女性，大部分男性都有這種心態。

追求金錢和物質，這本沒有錯。但是光有錢真的就夠了嗎？同樣地，只是給予，真的就能得到愛情嗎？

有個叫全岳的學員，在我的課堂上和大家分享過他的困惑。「我交了很多個女朋友，一直不停地換，基本上，每個女朋友相處時間都不長。千萬不要誤會，並不是我花心，因為通常我是被甩的那一個。現在交的這個女朋友也快要分手了。我和她相處的時間最長，我知道她是愛我的，她無條件地包容我的各種缺點，讓我一下子覺得自己很重要。我也非常喜歡她，我恨不得把我擁有的一切都給她。可是她還是要和我分手。我真不知道自己哪裡出了問題。」

「聽起來你挺委屈的，」我好奇地問：「這麼多女朋友都要離開你，她們有沒有一些共同的原因？」

「哦……好像有，她們說我不愛她們，可這怎麼可能呢？我真的是愛她們的啊，特別是現在這個，我什麼都給了她。現在有很多人結婚還婚前財產公證，可是我沒結婚就把所有的財產都交給她管理，我的事業不差，財富不少，她要什麼有什麼，為什麼還說我不愛她？」

他越說越快，越說越急促，好像肚子裡的苦水終於打開了閥門，一定要在這一刻倒完似的。我能聽得出，在他委屈的情緒下面，有不少被壓抑的憤怒。

你的伴侶能感受到你的愛嗎？

「為何我給了你我的所有，你卻仍覺得我不愛你？」這就是全岳內心的吶喊。在他的世界裡，他認為給予就是愛——或者說，給予是表達愛的最好方式。**把最好的都心甘情願地給予對**

方，這是誰對誰表達愛的方式呢？這是父母對孩子的方式，對嗎？

「全岳，你是不是覺得挺委屈的，你把一切都給了對方，對方仍然抱怨你不愛她。並且這還不是一個人，而是你交往過的女朋友都這樣說，你不覺得奇怪嗎？」

「奇怪啊，我一直都想不通，所以才來找你諮商。」

「在你的前半生，有誰也這樣愛你？他願意把所有給你？」從心理學角度來說，如果一個人在不同的時間、不同的環境、不同的關係中會發生同一類的事情，這叫內在模式。這些模式通常都是從家庭或成長的經歷裡形成的，所以，我想探索一下他這個模式的形成背景。

「我的父母。」他說。我猜得沒錯，果然來自父母。我追問：「你和父母的關係如何？」

「我是跟爺爺奶奶長大的，父母都在外工作，很少回家，我基本見不到他們。但我很感激他們，我知道他們不容易，在外面辛苦工作，供我讀書，自己省吃儉用，把最好的都給了我，沒有他們當年的付出，就沒有我的今天。所以我發誓要讓他們過上好的生活。現在我有錢了，給他們買房、讓他們去旅遊，他們現在生活得不錯。」

「你和他們的關係如何？你還沒回答我的問題。」

「挺好的啊，父母現在很開心，逢人都說我是他們的驕傲，每次回鄉下時，我也覺得很有面子。」

「聽起來，你對關係的解讀就是互相給予。我想知道的是：你跟父母親近嗎？有一些心裡話，你會很渴望跟他們說嗎？」

「唔……你知道，我從小沒跟他們生活在一起，我們沒有多少共同語言，但這不影響我們的關係啊。」

……

接下來的對話，我就不一一描述了。相信大家都看明白了，對全岳來說，錢就是關係，關係就是錢。我對你好，我就給你我的一切；我把一切都給了你，這就是愛你。在成長的過程中，他從與父母的互動中學會了這一點，但也僅僅只有這一點。他沒有體驗過關係中的親密性與複雜性，也暫時還不知道，除了給予，愛還有很多種表達方式。

對全岳來說，有了給予就夠了，因為他從小與父母的關係就是這樣的。但他的女朋友呢？這就遠遠不夠了！因為愛的內涵非常豐富，僅有「給予」的愛太單薄了。

在一段關係中，光有愛是不夠的

在探討婚姻模式的課程中，我經常會問學員兩個問題，現在我想同樣問一下各位讀者：**「你愛你的伴侶嗎？」**我猜你們的答案是肯定的。

但第二個問題就不一定了，**「你的伴侶能感受到你的愛嗎？」**我想大多數答案是否定的。溝通的意義在於對方的回應。每個人都在生命裡追尋有愛的親密關係，渴望擁有愛。但在一段關係中，光有愛是不夠的，我們還要讓對方能感受到你的愛。給予只是愛的表達方式之一。每個人在成長的過程中，或多或少學會了一些愛的表達與接收方式。**除了用自己習慣的方式表達愛之外，我們還要學會用對方能接收的方式去表達，這樣對方才能接收到你的愛。**否

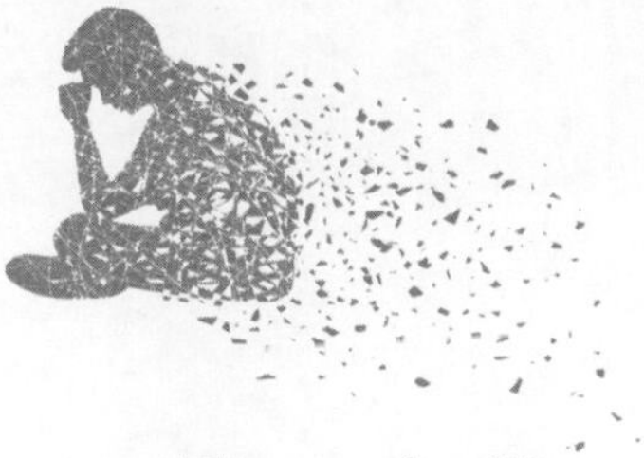

則，就像你匯款給別人時，如果帳號錯了，就算你把所有的錢都匯了出去，對方也收不到，你的錢只能白白浪費掉了。

美國著名婚姻專家蓋瑞・巧門博士（Dr. Gary Chapman）認為，表達愛有五種「語言」：

一、言語的表達：對部分人來說，只有說出來的才是愛。沒有說出來，就算你為他付出再多，他也還是認為你不愛他。

二、高品質的時間：全然在一起的陪伴，全然在一起的相處時光。

三、禮物：透過一些有形的物質去表達愛。

四、服務：透過為對方去做一些事情，透過行動去表達愛。

五、身體的接觸：親吻、擁抱、碰觸、握手、性愛等。

當然，蓋瑞・巧門博士提出的這五種「語言」未必是全部，但可以作為參考。其實，具體有多少種愛的表達方式並不重要，重要的是，你要找到對方需要的那一種。如果你真的愛對方，你值得為對方這樣做。

如何才能知道對方愛的接收方式？最好的方式就是坦誠溝通。別人怎麼對你都是你教的，只有坦誠地告訴你的愛人，你希望他怎麼對你，他才知道該如何對你，否則，他一輩子只會用

他習慣了的方式對你。

當然，我聽過不少女性這樣說：「如果我告訴他，他才這樣做，那就沒意思了。」我想對持有這種想法的朋友說：**「如果你不說，那就更沒意思了！就連生你、養你的父母也未必知道你心裡所想，何況是一個跟你的成長背景、經歷、性別都不一樣的人。你不跟他說，他又怎麼會知道你要什麼呢？」**

我相信全岳真的愛他的女朋友，他的女朋友也同樣愛他，至少愛的最初是這樣。可惜的是，光有愛是不夠的，還需要有愛的方法、愛的能力。我們要做好某份工作，需要不斷學習，需要擁有一定的工作能力，才能勝任。愛情也一樣。**愛一個人很容易，但與對方長期相處並保持愛的感覺就不容易了，這需要雙方共同學習、不斷成長。**愛情是美好的，但缺乏智慧的愛，往往會讓兩個人都受到傷害。但願有越來越多的人開始意識到這一點，開始願意為愛成長。

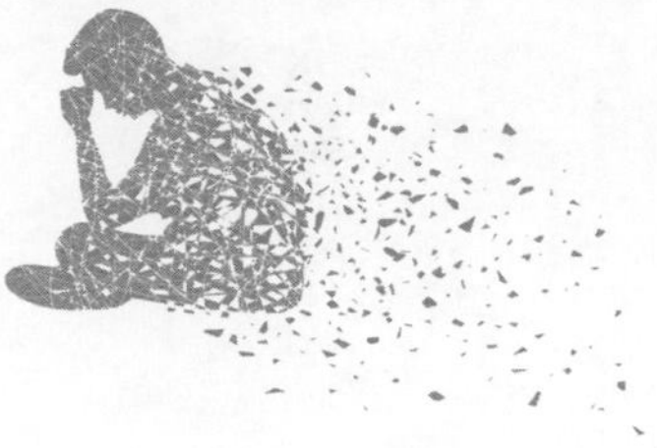

你剪斷了我的翅膀，卻抱怨我不會飛翔

循規蹈矩不犯錯，就是最好的人生？

「我兒子大學畢業好幾年了，下班後總是窩在家裡，哪兒也不去，做什麼事情都提不起興趣，連女朋友也不交一個，是不是有什麼問題啊？」在一次課堂上，有位家長問我。

「你兒子小時候是不是一直都是你的驕傲？你對他管教很嚴，他從小就很聽話、很守規則，對嗎？」我反問他。

「是啊，你怎麼知道的？」她很驚訝地問我，好像我會算命似的。

我當然不會算命，我之所以能猜得到，是因為這樣的案例我見的實在太多了，就像網路上有張漫畫描繪的一樣：「你剪了我的翅膀，卻抱怨我不會飛。」

做父母的，總希望自己的孩子聽話。只是他們忽略了一點：孩子在聽話的時候，某些珍貴的東西也許就被無形扼殺了。這種現象在家庭教育裡實在是令人心痛。試想：如果每個孩子都循規蹈矩、乖巧聽話，按照既有的傳統和理念與這個世界相處，那這個世界談何改變，又談何發展、進步？

愛因斯坦也曾說過：「沒有個人獨創性的社會，將是一個沒有發展的社會。」可見，一個人是否具備獨創性，關係到一個社會的未來與發展。我們人類社會就是一部創新的歷史，一部創造性思維實踐、創造力發揮的歷史。沒有創新，社會將停滯不前，歷史也不會向前推進。

而對個人來說，沒有獨創性和個人獨立的思考，在這個競爭激烈的社會，就等於自取滅亡。因為走別人走的路、說別人說的話、思考別人思考的問題，作為獨立個體的你存在的價值又在哪裡？沒有自己的思想、點子、路子，你最終只能被淹沒在人海中。

在以升學考試為主導的今天，大多數家長及教育工作者都把焦點放在知識的灌輸上。為了讓孩子不輸在起跑線上，他們無所不用其極，設定各種規則，從小把孩子定格在一個窄小的領域裡，催迫其拚命生長。就像菜農種韭黃那樣，為了獲得更多的韭黃，他們讓韭菜在隔絕光線、完全黑暗的地方生長，因無陽光供給，不能進行光合作用合成葉綠素，那些原本青綠的韭菜，就變成了嫩黃的韭黃。當然，作為一種菜肴，韭黃是美味可口的，但是作為植物，它無疑是病態的。我想，身為父母，沒有人願意培養一個病態的孩子。

父母要敢於培養「不聽話」的孩子

一個健康的孩子是有活力的，活力的重要元素就是敢於不斷嘗試，敢於不斷創新。

所謂創新，是「不受現成的常規思路約束，尋求對問題的全新、獨特性的解答和方法」的思維過程。通俗一點說，就是說別人沒說過的話，做別人沒做過的事，想別人沒想過的東西。

每個人都有創新思維，只是由於被開發和培養的程度不同，一些人鮮活的思維被泯滅了，而一些人則被很好地開發了出來。「小米」的創始人雷軍在採訪中講道：「小時候，我特別喜歡玩拆裝收音機、電視機，父親很鼓勵我。這種愛好，沒有家長的支持你是做不到的，因為買那些東西都很貴，特別是在那個年代。但父親當時花了錢給我買那些東西。小時候培養的對無線電的興趣，使我在四十歲再創業的時候，選擇了智慧型手機這一領域。我在小時候萌發的興趣，到了中年才有機會實踐，我想這也是人生的一件樂事。」

雷軍的創新思維得到了父母的鼓勵與呵護，其他人也許就沒有那麼幸運了。雖然我是一個農村出來的孩子，但從小也有不少異想天開的想法，遺憾的是，我母親是一個非常嚴謹的人，她總是告訴我這個不能做、那個不能做。在她的世界裡，循規蹈矩、不犯錯誤，就是最好的人生。因為家教很嚴，我從小就非常聽話，所以，長大後的我什麼事都按規矩做，不敢越雷池半步，什麼錯也不敢犯，更不敢說創新了，活生生像一個年輕的「老人」。

許多認識我很久的朋友都跟我說過，如今的我彷佛越活越年輕了。並不是我的身體真的變年輕了，而是我給他們的感覺越來越年輕。為什麼會這樣？因為我有幸選擇了心理學，在過去這二十多年心理學的從業生涯中，我得到了很好的療癒，讓我有機會從母親當年為我設置的安全保護罩中一步步走出來，重獲陽光，當然就會讓人感覺越來越有活力了。其實我的活力一直都在，只是被某些無形的東西給束縛、壓制住了。

就像那個耳熟能詳的故事那樣：馬戲團裡有一頭小象，牠的一隻腳被鐵鍊鎖在一根木樁上，小象想要掙脫，但是以牠現有的力氣根本無能為力。每次掙扎，鐵鍊就會磨牠的腿，越掙扎，磨痕就越重，甚至皮開肉綻。小象漸漸長大，牠其實已經有足夠的力氣去掙脫固定鐵鍊的木樁了，但牠不會再去嘗試，因為牠腦海裡已經形成了一種觀念：「無論我再怎麼努力，也是無法掙脫的。」人類和大象一樣，其實有足夠的能力去做很多事情，只是被某種想法給局限了，這種想法在心理學領域叫作「限制性信念」。

這些限制性的想法通常都是當年家庭教育或學校教育強加給我們的。基於某種原因，或者是為了保護孩子的安全，或者是父母、教育工作者自身認知的局限，又或者是父母希望孩子聚焦在某個領域，對於孩子表現出探索未知的好奇，父母總會用「不可以」、「不可能」、「不行」去加以限制。因為孩子對父母天生的愛與忠誠，**這些限制無形中就會在孩子的大腦裡形成一種束縛，這種束縛由一種病毒性的信念所導致，而這種信念在心理學領域叫作「無望」。**

「無望」的最終結果就是絕望，是對我們最有殺傷力的一種信念，即：不對任何可能性抱有希望。懷有這種信念的孩子，無論遇到何種事情，他的腦子裡只有一個判斷：我做不到，別人也做不到，任何嘗試都是沒用的。於是面對任何事情，他們都不想做出努力，哪怕是極其簡

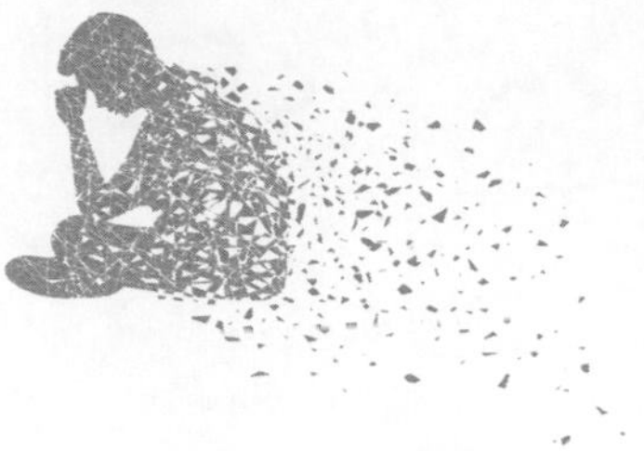

單的事情。他們也不會去尋求幫助——既然沒人能做到，為什麼還要去尋求幫助呢？一旦形成這樣的信念，他人生的某個領域就停止了，如果這樣的信念越積越深，會導致一個人陷入絕望的境地，最終甚至放棄生命。

暫時做不到的事情，不代表以後也不可能。科技每天都在發展，以前做不到的事情，現在不是在逐一做到嗎？人類沒有翅膀，不可能飛，但是萊特兄弟發明了飛機；人類不可能克服地心引力跳上月球，可是人類發明了太空船；人類沒有順風耳，如今卻發明了電話，可以和萬里之外的人聊天；沒有千里眼，人類發明了視訊，對方的一舉一動盡在眼前。也許今天人類還有很多無能為力的不可能，但誰知道明天會不會就變得可能呢？

因此，一個十分聽話的孩子，其實就是一個被剝奪了絕大多數可能性的孩子，因為他只會按照父母的意願去做事，那些父母所不允許的，或者那些由於父母認知局限所限制的領域，於他而言無形中就被關閉了，這樣的孩子長大後，就會像富蘭克林說的那樣，有些人二十五歲那年已經死了，直到七十五歲那年才埋葬。他們死的並不是肉體，而是心中的希望，以及對人生無限可能性的堅信。

沒了靈魂翅膀的孩子，要如何展翅翱翔？

一直引領科技創新潮流的蘋果創始人賈伯斯曾強調過「初學者的心態」。初學者的心態是行動派的禪宗，指不要迷惑於表象，而要洞察事物的本質，不要無端猜測、不要期望、不要武斷也不要偏見。初學者的心態正如一個新生兒面對這個世界一樣，永遠充滿好奇、求知欲、讚嘆。

而孩子的翅膀，就是他對世界的好奇與求知欲。身為家長，如果我們處處對孩子設限，事事要求孩子聽話，這無疑從小剪斷了孩子的翅膀，扼殺了他的這種天性。一個沒了靈魂翅膀的孩子，你又怎能指望他長大之後展翅翱翔呢？

那怎樣才能呵護好孩子靈魂的翅膀呢？允許孩子在安全的範疇大膽嘗試，同時喚醒孩子內心對萬事萬物的好奇。教練技術（Coaching Technology）中有一套問話模式非常好，在這裡與各位讀者分享。

當孩子問你問題時，千萬不要急於給答案，因為，就算你的答案是對的，如果你回答了他，他也只得到一個答案。何況，每個人懂得的知識十分有限，你又怎麼能確定自己的答案就是對的呢？所以，最好的方法是讓孩子自己去尋找答案。

當孩子問你問題時，他一定自己事先思考過，只是對自己的答案不是很確定。這個時候，你可以反問他：「你說呢？」

當他有了一個答案之後，你再問他：「還有呢？」

當他有了兩個答案之後，你再問他：「除了你剛才所說的，還有呢？」

直到他說「沒有了」，你還可以問他：「假如有的話，是什麼呢？」

當你能夠與孩子這樣對話，孩子就會潛移默化地養成一種開放式思維習慣，他的內在會形成這樣一種信念：「凡事都有三個以上的解決方案。」「一切皆有可能。」「方法總是有的，只是我暫時還沒有想到罷了。」……

這個方法不光對孩子有效，對成人一樣有效。公司的主管如果能用這樣的方式管理員工，無形中就能激發員工的創新能力，而且，在這種氛圍下工作的員工，會有滿滿的成就感，因為他的價值得到了有效的發揮。

我們往往會用有限的認知去解讀無限的世界，將自己的一生局限在一個無形的囚籠中而全然不知。只是，自己限制自己也就罷了，何苦再去傷害孩子。身為父母，有時候連自己怎麼抵達彼岸都不自知，又怎麼能去操控、安排孩子的人生呢？

用時間去愛吧，
哪怕只有一瞬間，也不要辜負。

在一段關係中，光有愛是不夠的，還需要有愛的方法、愛的能力。
除了用自己習慣的方式表達愛之外，
我們還要學會用對方能接收的方式去表達，這樣對方才能接收到你的愛。
否則，就像你匯款給別人時，如果帳號錯了，
就算你把所有的錢都匯了出去，對方也收不到，
你的錢只能白白浪費掉了。

所謂親密，是你在另一個人面前沒有恐懼

一個人與他人的關係，直接影響他的幸福程度

通常，我們在談論戀情時，說的都是與愛人交往的愉快與心碎；談論職場時，說的是同事間的競爭，以及和老闆的關係維持；談論家庭時，說的是與父母、與伴侶相處的點點滴滴……無論描述生活的哪一部分，似乎都離不開「關係」這個主題。那麼，關係是如何影響我們人生的？

哈佛大學的羅伯・威丁格（Robert Waldinger）教授在ＴＥＤ上曾分享過一個持續進行了七十五年的實驗。實驗的結論是：生活最幸福的人是那些把心力投入關係中，尤其是家人、朋友和周圍人群的人。也就是說，一個人與他人的關係，直接影響他的人生幸福程度。

實際上，哈佛大學的這項研究成果，正印證了大部分心理學流派的關係理論。大部分心理學流派都在強調「關係」的重要性，甚至有不少流派認為，與父母的關係決定了一個人的幸福指數。當然，並不是所有人都同意這種觀點。豆瓣網曾經有過一個很熱的論壇小組，叫「父母皆禍害」，一群年輕人訴說著被父母禍害的成長經歷，面對不堪回首的童年，他們無法做到與父母和解，他們甚至認為，不需要與父母和解，照樣可以成功。

我不是專家，我不知道與父母的關係狀況是否真會影響一個人的幸福程度，但我確實見證了不少因為改善與父母的關係，人生也隨之改變的故事。

我公司曾經有一個高層管理人員，快四十歲了，但一直沒能發展一段成功的親密關係。她也談過幾段戀愛，但每每在結婚前夕戛然而止。她幾乎從不談論家人，每年春節闔家團圓的日子，她會選擇旅行；她的朋友圈從來沒有家人的消息，我們都以為她是一位相當享受單身的女性。

有一天，她突然找到我，說：「團長，我要回家一趟。」她用的是一個陳述句，顯然不希望我拒絕她。

我很愕然。當時我母親的健康出現一些狀況，我正想盡各種辦法擠時間照顧母親。她是公司一位重要的主管，我希望她能夠幫我分擔一些工作。

「能不能稍微往後挪一點時間？你知道最近我經常不在公司。」我跟她商量。

她躊躇良久，低聲說道：「我擔心下一刻就沒有勇氣了。」

原來，她從小就被父母過繼給沒有兒女的叔叔。因此，她一直認為是親生父母拋棄了她，對他們有很多的怨氣。工作後，她幾乎跟家裡完全切斷了聯繫。

「這段時間，您對您母親的照顧給了我很多觸動，我想嘗試一下，努力一下。」她的聲音裡明顯能聽出偽裝的堅強。這股勇氣並不堅定，我趕緊在她的請假條上簽名。

一週後，她回來了，雖然滿臉疲態，但眼睛裡的神采非常明顯。

「我問了父母，為什麼選擇送走我。父母告訴我，當時家裡有三個孩子，叔叔沒有孩子，很希望能有一個孩子。而我是老大，懂事，不會給叔叔添麻煩。我找到了想要的答案。」她說得很快、很輕鬆。

這次回家之後，她的運氣似乎一下好了起來，不久後便結婚了，現在已經有了自己的孩子。

沒有好的關係，就很難有好的人生體驗

沒有親密關係的人的確也可以成功。我曾經跟一位美國心理學導師合作過，她是一位六十多歲的單身女性，是某個心理學領域的權威專家。從專業的角度看，她很棒，講課的風格、對個案的處理能力，都深受學生喜愛。在大多數人的眼裡，她絕對算是一位成功者。

我跟這位導師合作過一年，之後卻遺憾地不再合作了。因為她認定的事情基本上是不可以改變的，於是，每當我們需要她根據市場回饋調整課程的時候，哪怕是很小的事情，比如教室布置的調整，都很難協調。一些事務上的協商經常演變成衝突，讓雙方在合作過程中相當不愉快。但她畢竟是一位很有專業素養的心理學家，所以她一直很坦誠，每次衝突後，都會對我說類似的話：「團長，我從來沒有進入過婚姻，不知道怎麼跟人相處。我喜歡一個人生活，不習

慣別人改變我的東西。」我聽到了她的潛台詞：你們只能按我說的去做。這種無法商量的合作關係，我只好選擇放棄。

從外在條件來看，她是成功的，也許她也很享受一個人獨處的時光。但人總需要與人相處，如果每次與人相處都不愉快，這算得上成功嗎？

什麼是成功？財富、權力、名聲這些社會認同的標準嗎？

一個人如果獲得了平常人無法擁有的財富、權力、名聲、地位，親密關係不幸福，跟身邊的人也沒辦法做到和諧相處，那財富、權力還能帶給他幸福感嗎？這種社會意義上的成功真的有意義嗎？

我的答案是否定的，因為在我看來，關係並不是人生的某一個部分，我們甚至可以說關係就是人生本身，因為我們就是在關係中體驗生命的。一個人如果沒有好的關係，就很難有好的人生體驗。正如布芮尼・布朗說的那樣：「**關係賦予我們生命的意義。**」

每一段關係都會經歷十個階段，你身處哪個階段？

既然關係對一個人如此重要，那該如何擁有一段美好的關係呢？

從婚姻關係中，我們可以看到關係發展、演變的一些規律。兩個人從吸引到分開，通常會經歷十個階段（參見下頁圖二）。當然，一些自我價值高的人未必會走到最後幾個階段。

一、吸引期：異性間的自然吸引力。

二、欣賞期：荷爾蒙的影響，產生「光環效應」，只看得到對方的好，也就是所謂的「情人眼裡出西施」。

三、習慣期：開始磨合，愛情變成親情，兩個人的好或不好都彼此習慣。

四、期望期：對於無法習慣的部分，希望對方改變，希望對方變得更好。這個階段的關係還是有希望的。

五、失望期：當期望得不到滿足時，就會變成失望。這時，關係從正面、積極開始向負面、消極轉變。如果失望加深，關係進入下一個階段。

六、幻覺期：隨著失望的累積，很容易會給對方貼上一個負面的標籤，然後蒐集證據證明你的判斷是對的，事實上這種證據是幻覺。

七、臨界線：臨界線是一個猶疑的階

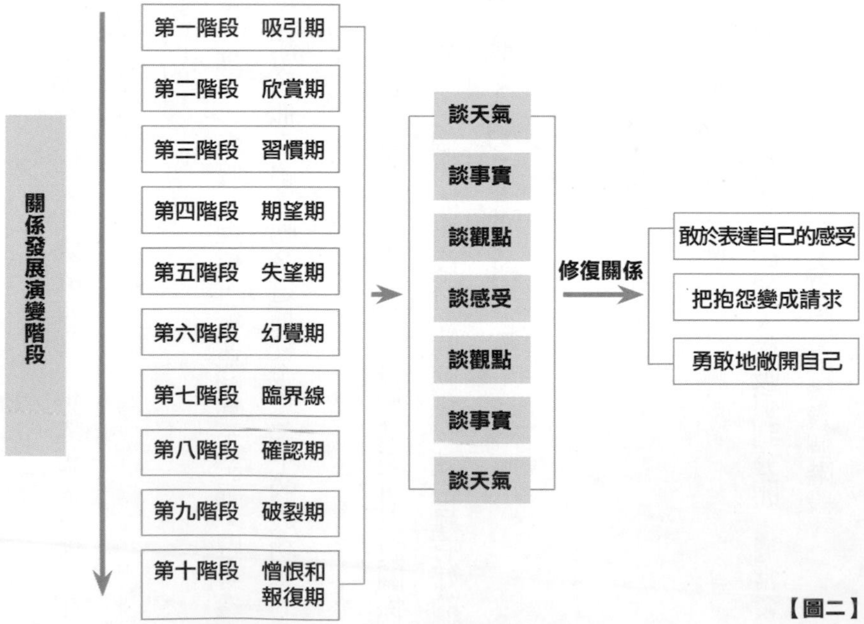

【圖二】

段，離還是不離，分還是不分，左右搖擺，是不確定的階段。一旦跨越臨界線，就是下一個階段了。

八、確認期：下定決心離婚或分開的話，就不抱任何幻想了。兩個人分別蒐集證據，來證實當時產生的負面幻覺都是真的。這就是確認期。

九、破裂期：當蒐集的證據足夠到可以確認時，就進入這個階段。大部分關係到這個階段就結束，如果一個人的自我價值比較低的話，就會進入下一個階段。

十、憎恨和報復期：「我得不到的，你也別想得到。」「你讓我沒好日子過，我也不讓你有好日子過。」於是有意無意地去破壞對方當下的生活。

這十個階段的關係演變，也可以從兩個人的談話內容中辨識出來。美國家庭治療心理學家薩提爾女士發現，一段關係中，兩個人從結合到分開，一般會經歷下面幾個階段：

談天氣
談事實
談觀點
談感受
談觀點
談事實
談天氣

兩個初識的人從談天氣到談感受，到敢於在對方面前表達自己的脆弱，兩個人之間的連結就發生了，這是關係最美好的階段。

如果無法維持，一段美好的關係就開始朝相反的方向走。當兩個人之間不再分享感受時，關係開始走向疏遠。如果連自己的觀點也不願意表達，只談論一些不可爭辯的事實，甚至只談天氣，那這段關係就開始走向破裂了。

與父母的關係，是所有關係的源頭

瞭解了以上規律後，我們就知道該如何修復一段關係了。兩個人相處有希望就會有失望。在失望期，大多數人都不敢向對方表達自己的期待和真實感受，任由失望不斷累積，從而讓關係進入幻覺期，一步步走向惡化，最終導致破裂。

因此，修復關係可以試試下面的方法：

一、敢於表達自己的感受

出現分歧，人們總喜歡講道理、找對錯。其實講道理是沒有用的，因為每個人都有自己的道理，都想證明自己是對的。在關係中講道理，只有永遠吵不完的架。你可能會贏了爭吵，但會輸掉關係。相反地，如果我們能做到穿越觀點，允許並接受分歧的存在，在感受層面才能與對方建立連結。**婚姻是一種情感關係，我們要講的是「情」，而不是「理」。只有動之以情，才能曉之以理。**

二、把抱怨變成請求

我們太習慣抱怨了，而抱怨帶有指責的味道。所以，我們要把抱怨變成請求。每個人對關係的另一方都會有所期望，假如雙方（尤其是女性）都不願意把內心真實的期望表達出來，告訴對方，而對方摸不清、猜不透你的期望時，期望就變成了失望，失望就會滋生出抱怨。要知道，你不說，別人也許永遠都不會知道你心中所想。如果能**把抱怨變成請求，在失望期進行良好、有效的溝通，坦誠地表達自己內心真實的期待，通常另一方會想盡辦法去滿足對方的要求，關係就會朝好的方向發展。**

三、勇敢地敞開自己

所謂親密，就是你在另一個人面前沒有恐懼。當我們能夠敞開自己，毫無保留地坦誠自己，就能與對方連結。有了連結，才是真正的親密。

兩個陌生人都能創造一段關係，何況是處在關係中的兩個人？只要你能拿出當初戀愛時的

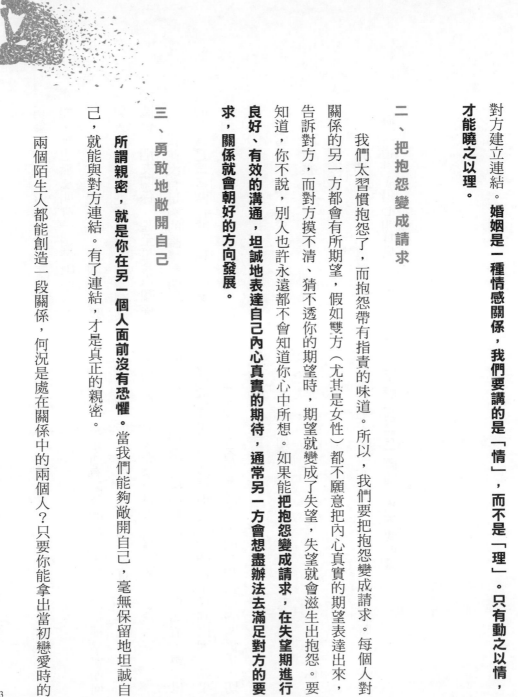

勇氣，我想，沒有突破不了的關係的。當然，如果你不願意去嘗試、去行動，關係就不會有改變。誰也無法叫醒一個裝睡的人。

在所有的關係中，最關鍵的是與父母的關係，這是所有關係的源頭，我們從這裡學會如何與人相處，並把這種模式複製到其他任何關係中。所以，與父母的關係會直接影響我們的兩性關係、朋友關係，甚至是合作關係。要改善關係，最好從改善與父母的關係入手。

我並沒有足夠的證據證明，一個人的成功、幸福是否與接納父母有關。我只知道，與父母的關係是眾多關係的一種，大多數人際關係問題都可以從我們與父母的關係中找到原因。如果一個人能勇敢地去突破他跟父母的關係，那其他關係也會跟著改善，因為和父母的關係是一切關係的源頭，改善與父母的關係就是改變了基本的關係模型。

當然，我不強求所有人接納自己的父母。但是，如果某一天你能鼓起勇氣去穿越關係的屏障，去修復跟父母的關係，你的人生肯定會發生改變。因為，每一層關係的突破，都會讓你感受到無窮的喜悅。

讓我們像馬克・吐溫曾告誡世人的那樣生活吧——時光荏苒，生命短暫，別將時間浪費在爭吵、道歉、傷心和責備上。**用時間去愛吧，哪怕只有一瞬間，也不要辜負。**

你所謂的為我好，只不過是一種操控

控制一個人，就是他反抗你的開始

每當大學入學考試填志願的時候，總有家長會問我：「孩子選什麼系好？」因為這個問題，經常有家長、孩子鬧得不可開交。這讓我不由得想起多年前遇到的一個案主。

她是我的一個學員，聲音輕柔，安靜乖順，很少主動參與課堂互動。老實說，在她講述自己的故事前，我並沒有注意到她。但是，她一開口，卻讓包括我在內的在場所有人都大吃一驚。

「我一直覺得有一天我一定會闖禍，闖一個誰都無法挽回的大禍，完全打破我目前的生活狀態。」她輕聲說著，雙手拘謹地放在膝蓋上，眼裡閃耀著一種不同尋常的光彩。「到那時候，我爸爸肯定會震驚。」說到這，她捂著嘴吃吃地笑了兩聲。

她名校畢業，丈夫年輕有為，夫妻倆都是公務員，之前的人生平順得讓人嫉妒。而她卻像被寵壞的公主一樣，一心只想摔爛自己美麗的洋娃娃。我在心裡忍不住追問「為什麼」。

她接下來講述的故事讓我心痛。她說自己就是一個演員，爸爸就是她人生大戲的導演。在爸爸的指導下，她演繹著自己的人生。她的生活一直被爸爸安排得妥妥當當：從幼兒園到大學，念什麼系，選擇什麼工作，包括現在的老公，都是爸爸一手安排的。從理智的角度看，她確實在走一條最優的人生道路，以爸爸的能力和資源，她走的每一步幾乎無可挑剔。可不知道為什麼，她的內心總湧起一股反抗的力量，其實她並不想過這樣的生活。於是，「闖一個禍讓這部大戲結束」的念頭在她的心底變得越來越強烈。

也許你會經常聽到有人對你說「這是為你好」，他們可能是父母、爺爺奶奶、老師或者那些「經驗老到」的人，他們以「這是為你好」為由，安排著你的生活，導演著你的人生。但這真的是「為你好」嗎？

大禹治水的故事，大家肯定熟悉，但大禹父親治水的故事卻不是每個人都知曉。堯在位的時候，黃河流域水災氾濫，莊稼被淹，房子被毀，老百姓深受其害。大禹的父親鯀一心想治理好水患，但是花了九年時間也沒有治理好，因為他只懂得水來土掩，造堤築壩。結果洪水沖垮了堤壩，淹死了更多人，造成了更大的損失。舜接替堯當部落首領後，發現鯀治水不當，便殺了鯀，讓鯀的兒子禹接著去治水，這才有了大禹治水的故事。

禹改變了父親鯀的治水方法，他開渠引水，疏通河道，把洪水引到大海、農田，化害為利。

結果我們都知道，大禹成功地治理了水患，並因此受到百姓愛戴，繼承舜的位子，成為首領。

同樣是治水，不同的方法，完全不同的結局。治水如此，「治人」又何嘗不是這樣呢？鯀治水的方法其實是一種控制。什麼是控制？為了安全或其他目的，透過人為的力量讓事情按照自己的意願發展，就是「控制」。比如鯀，他想控制洪水保一方百姓平安。但是，控制一定會帶來反彈——當這兩種力量對抗時，不僅消耗了自己的力量，而且萬一有一方失敗，就會帶來更大的災難。鯀的例子就充分說明了這一點。

人對物是控制，人對人就是操控。「操控」就是違背他人的意願，強行要求對方按照自己的意願做事。可是，**控制一個人就是他反抗你的開始，而且會帶來反彈。**比如上面說的那個案主，她之所以一直想闖禍，是因為她過往的人生一直被父親操控著，在她乖順聽話的外表下壓抑著一股反抗的力量。只是，這股力量還沒有強大到可以突破控制。我們可以想見，一旦這股力量衝破父親的操控，這個表面光鮮的家庭就岌岌可危了。乖孩子內心那股反抗的力量一旦爆發，破壞力絕對讓你難以想像，因為作用力越大，反彈就越大。

「安全感」是內心平和、放鬆、穩定、自由的感覺

操控一個人的代價如此之大，可為什麼我們還那麼喜歡去操控別人呢？特別是父母對孩子。天下沒有不愛自己孩子的父母，但父母為什麼偏偏喜歡以愛為名，對孩子行操控之實呢？操控的背後，究竟是什麼？從心理學角度來說，操控的背後是因為缺乏安全感。

安全感是渴望穩定、安全的心理需要，是指人們從恐懼與焦慮中解脫出來後，內心那種平和、放鬆、穩定、自由的感覺。它是對可能出現的、關於身體或心理的危險或風險的預感，以及個體在面對事情時的有力、無力感，主要表現為確定感和可控感。

當一個人安全感匱乏之時，為了增加自己的確定感和可控感，他就會不自覺地操控身邊的人，特別是那些弱小者，讓別人按照他的意願去做事，甚至是過一生。他以為這樣是「為你好」，其實，他只是為了讓自己擁有更多掌控感和確定感，讓自己感覺更安全而已。

當一個人擁有足夠的安全感時，他會相信自己有能力不斷提升生活中可控的部分，也有能力去因應生活中不可控的未知，能夠以自己的方式做好自己的事情。他也無須藉由操控別人來確定自己是安全的，這樣，在他身邊生活的人才能夠真正活出自己，享受自由愜意的人生，否則，只會成為操控者的傀儡。

所以，一個人是否擁有足夠的安全感，直接決定了他身邊人的生活品質。

安全感來自多方面因素的影響。精神分析流派認為，安全感與一個人童年的成長狀況有關。一個人在成長早期如果能夠獲得父母或其他重要看護人很好的照顧，他就會感覺這個世界是安全的。反之，就會缺乏安全感。

孩子有自己的選擇和人生路，不要去操控他的人生

既然安全感這麼重要，那怎樣才能提高自己的安全感呢？最好的方法，當然是找心理師或

走進課堂，來療癒自己內在的匱乏。

第二個辦法來自心理學的著名實驗——「毒蜘蛛實驗」。研究發現，多數人面對毒蜘蛛時，內心會充滿恐懼。但是當這個人說出「我很害怕」的時候，他心中的恐懼就會大幅度減少。所以，**說出自己的擔心，恐懼感就會減弱。**

比如，那些總想操控自己孩子的家長，如果他能夠向孩子表達自己的擔心：「孩子，我擔心你自己不會填志願，選錯了系，以後找不到好工作。」「孩子，我對你的未來有一點擔心。」……當他能坦露這份擔心時，就能減少自己的不安全感，從而讓孩子獲得更多的自由。

第三個辦法來自大禹治水的啟發。前面我們說過，鯀治水用的方法是修築堤壩，是「堵」；而大禹用的是疏導的方法，是「引」。雖然父子倆面對的都是洪水，是同一股力量，但因為使用的方法迴異，得到的結果也完全不同。

不安全感跟洪水一樣，都是一股力量，如果壓抑它、控制它，當力量變得強大了，就總會有控制不了的那一天。與其控制，不如像大禹那樣引導，讓這股力量變成激發我們成長的動力。人之所以會感到不安全，是因為自己太過弱小；如果自己變得強大了，自然就感到安全了。同樣是恐懼，它可以成為操控別人的原因，也可以成為讓自己變強的力量。

我們都有一顆善良的心，但光有善良是不夠的，還需要有方法。當我們都以「我是為你好」為理由，去操控別人的生活時，善良就會成為傷害他人的理由。我們要從操控這種行為背後看到自己安全感的缺失，並承認、接納這個事實，這樣，你身邊人的日子才能好過一點。

也許你會說：難道孩子什麼都不懂的時候，我不應該給他一些引導和控制嗎？我並不是要求家長們放任自己的孩子。對那些真的會危及人身安全的狀況，我們還是要去控制，需要幫助孩子學會規避。只是大多數時候，人們的操控並不在這樣的範疇裡。而孩子有自己的選擇和人生路要走，企圖控制孩子，讓他按照自己期望的那樣去成長，很有可能會犧牲掉孩子的人生。**你可以給予建議，但不能一味控制，要懂得給孩子自由成長的空間，允許孩子——自己的人生，自己作主。**

但願更多人能意識到這一點，也希望每一個面臨人生選擇的孩子都能夠自主地進行選擇，開啟真正屬於自己的生活。

輸了你，贏了世界又如何？

我很愛你，但也不想依賴你

在呼籲男女平等的二十一世紀，越來越多的女性走入職場，用實力證明自己，她們工作努力，業績喜人，用聰穎和勤奮獲取自己應該擁有的社會資源。

但我發現，部分女性沒有搞清楚「強大」的真正內涵。很多朋友圈的文字都在感召女性：「不要依靠男人，要獨立」、「即使摔倒也要華麗地摔倒，保持優雅的姿態」。隨便去書店逛逛，也是「女不強大天不容」、「只有你才是自己的救世主」之類的書。這些媒介都在傳達一個觀點：女人都是金剛不壞體，無須依靠男人。好像做到這一點，女性就真正獨立了一樣。

不依賴男人、讓自己不斷變得強大，就真的能幸福嗎？做不到這些的「軟弱」女性，難道就失去了自我價值？

我先給大家講一個真實的案例。

盧月是我的一個學員，人長得漂亮，果敢又直率，主動舉手要求做個案示範。她說：「我有過兩段婚姻，每段都只維持了三年。後來我認識了現在的男朋友，也快分手了。」

其他學員上台會緊握麥克風來舒緩緊張，但她不同，雙手依舊抱緊臂彎，保持冷靜思考的姿勢。

「你的第一段婚姻，是什麼原因導致兩人分開的呢？」我問她。

「我的性格他受不了，他說我很強勢。第二段婚姻也是因為同樣的原因分開。但其實我沒那麼強勢，我也沒對他們怎麼樣啊！」

「為什麼你會覺得自己不強勢呢？」我肯定她的坦率和直接，並嘗試帶她進入更深的心理層面，看見更真實的自己。

「我真的沒有打啊罵啊的，我就是搞不懂這些男人怎麼到最後會變成伸手向我拿錢。」

「那你還說你不強勢？你都可以把他們養起來了。」我半開玩笑地說。

「我跟第三個男友是工作中認識的。不知道什麼原因，我們工作中相處不愉快，生活中也合不來。我給他投資了好幾十萬，他都沒有賺到錢。也許是因為愧疚，他就提出了分手。」

「總之，你的男友們都比較容易對你產生依賴，是嗎？」我知道她不喜歡強勢、控制這樣的詞，所以換個表達方式來問她。

「是的。」

「當你回顧過往的兩段婚姻，以及現在的這段戀愛，都是以同一種模式結束。你的內心是一種什麼樣的感覺？」

「我覺得分手是痛苦的，我真的不想再這樣了，反反覆覆備受折磨，我都快不相信愛情了。」她坦誠地說。

所有人都說她強勢，但她不願意承認自己強勢。在她的眼中，只是她遇到的三個男人都比較「弱」而已。其實誰強誰弱並不重要，重要的是她生命裡的三個男人都因為同一個原因離開了她。如果她覺察不到這一點，下一個男人是否又是一個輪迴？我想讓她看到這一點。

「在婚姻中，你遇到的都是要依靠你的男人。那在其他領域有沒有類似的情況呢？從小到大，你通常跟什麼樣的人相處？」為了讓她看到自己的模式，我試著拉寬她的視野。

「好像真是這麼一回事，」她沉默了一會兒，接著說：「小時候，媽媽經常說，和男人吵架一定要贏，如果輸了，就會一輩子受制於他，我的一生也完蛋了。」盧月輕輕地說。

「你媽媽的婚姻怎麼樣？」

「我很小的時候，爸爸就去世了，她一直沒有再婚。」

「所以你媽媽並沒有用她的一生來驗證過這個『真理』，是嗎？」

「是的……」

為了讓盧月看到她與男性的相處模式，我用薩提爾雕塑[8]的手法，在現場找了一位女士扮演她，並且請「她」站到椅子上，再找三個男士扮演她的丈夫和男友，在舞台上雕塑出她過往兩段婚姻和最近這段感情的畫面。

第一任老公用打岔的方式回應她的指責，滿不在乎的樣子，在場上走來走去，然後轉身離開；第二任老公用超理智的方式回應她的指責，處處跟她講道理，最後受不了，離開了她；接著第三任男友上場，根據她的描述，這位男士跟她一樣強勢，於是我請他用手指向她，擺出指責的回應姿勢，彷彿在說：「你強，我要比你更強。」可惜對方還是沒她強，最終選擇離開……

愛人之間，沒有所謂的輸贏

看完這一幕，盧月若有所思。我邀請她跟角色扮演中的「自己」對話。在我的引導下，她開始對曾經的「自己」說：「盧月，你從小就沒有父親，媽媽也對你不好，所以你必須堅強，必須獨立，必須賺很多錢才會有安全感……」剛剛看同學表演一直在旁邊笑的她，現在開始抽泣了起來。

「我知道你活得不容易，從小到大，你都很堅強，因為你從小沒有爸爸。可是你知道嗎？那只是你的小時候，現在你長大了，你不需要再像過去那樣，你有伴侶，他可以替你分擔很多壓力。他是你的愛人，愛人之間沒有所謂的輸贏。**如果你真的愛他，即使讓他贏了世界，整個世界也是你的。**所以你不要每次都想贏，每次都要爭個高低。如果男人在你身邊只能感受到挫敗，他就會離開你。明明你自己很無助、很無望，為什麼在愛的人面前還要故作堅強指揮他？**在愛的人面前，你都不能真實表達脆弱，你還能在誰面前坦露呢？**」

向內自我覺察，做出改變

盧月的經歷引起了現場很多女性的共鳴。大家都渴望在親密關係裡獲得愛和支持，可是，因為種種原因，卻把對方推得越來越遠。而自己也像走上了一座孤島，別人進不來，自己也出不去。

自我發問的同時，其實也是自我覺察的開始。長大後的盧月，擁有了可擁有的一切，她不用再跟任何人爭輸贏了，可她的行為模式依舊沒有改變，「不能輸，一定要贏，不然就沒有價值」的信念，一直牢牢束縛著她，讓她一次又一次地親手推開愛她的人。但她的強勢其實只是一種偽裝的面具，是逼不得已的無奈。

在親密關係裡，強勢的人往往缺乏平等和愛，充滿比較和勝負心，因為他們過多地採用輸贏的眼光來衡量一切，所以與他們相處經常是劍拔弩張，充滿著緊張和壓力。但這個世界不只

8 編註：薩提爾是「家庭雕塑」（Family Sculpture）的先驅之一，透過肢體姿態、距離等表現出家庭裡的人際關係，運用在家族治療等方面。

屬於男人，也不只屬於女人。沒有另一半的助力和分擔，靠自己一個人是走不遠的。

造成這種模式的絕大部分原因是，在早期的親子關係中，父母經常以輸贏的思維來評價孩子的行為，孩子就容易形成以輸贏論一切的思維模式。「我不能輸」這顆種子就會在孩子的潛意識裡生根、發芽，長大後結出來的果實就是，他也許贏得了物質財富或社會地位，卻輸了最重要的關係。

每個人都需要在關係中獲得愛、支持和分享

為了維護自己「不能輸」的信念，一個人的自我價值就會越來越低，因為任何一點輸，都會讓他的內心陷入脆弱之地。他不能接納自己輸了的事實，也就是無法接納自己有短處，所以就會時刻緊張，無法示弱。久而久之，捧在手裡的幸福變成了握在手裡的沙，越漏越多，最終顆粒不剩。

而敢於示弱、敢於承認自己需要依靠的人，才是真正的強大。因為他遠離了無助、無望、無價值的病毒性信念。

人無完人，世界上也不可能存在十全十美的人，「強弱並存」才是一個完整的人。遇到自己無法排解的苦難、無法搞定的事務，向他人尋求幫助是再正常不過的事，我們無須為此感到自責或羞恥。同樣地，人都需要活在關係當中，在關係中獲得愛、獲得支持和分享。想要擁有一份幸福、美好的感情，就無須與自己的最愛爭輸贏。失去了你的最愛，就算你贏得了全世界，又有何意義？

最好的婚姻，是看得見你的關係模式

我們很容易看到別人，卻經常看不到自己

在應用心理學領域工作十多年，我經常要陪伴案主經歷他的人生痛苦。我發現，大多數人生的痛苦，都源於家庭的破碎。而面對越來越高的離婚率，我總會想到那些被無意傷害的無辜孩子，總想為此做點什麼。

離婚，當然有離婚的千萬種理由，因為，每個人都想證明自己是對的。只是，每一次婚姻的錯誤，都會由孩子來埋單。我想請決定離婚的朋友們，當你在抱怨對方的各種不好之前，能否聽我講幾個故事。

●故事一

我曾帶女兒去北京遊玩，選了一家四合院住下來。那裡環境比較幽靜，裡面住的大都是對中國文化感興趣的外國人。一天午後，大人們都在午休，幾個小朋友在院子裡嬉戲，聲音有些吵鬧。不一會兒，一個媽媽走到孩子們面前，大聲喝斥道：「不要吵！給我安靜！你們這樣吵鬧，會影響外國朋友休息的！」正是她的那句話，把左鄰右舍的住客都給吵醒了。**其實最吵的，恰恰是她自己，然而，她自己卻沒有意識到這一點。**

之前出國考察業務時，也有類似的經歷。記得有一次，從一家公司拜訪交流後出來，離開前，我請同事數一下人數，看同學們都上車了沒有。這位同事數完後告訴我，還差一人沒到。大家都以為那位沒到的同事上廁所去了，於是都在耐心等待，可是等了很久，都不見有人上車。我請同事再數一遍，看是不是數錯了。她又數了一遍告訴我，還是少了一人。我一下子緊張起來，親自數了一遍，發現人都到齊了，並沒有少。原來，同事數人數的時候，只數了別人，卻忘了算上自己。

我們都很容易看到別人，但經常性地看不到自己。

●故事二

曾經有個人，他養了一隻貓，之後又養了兩條魚。有一天，他忘了給貓餵食就出門了，晚

上回家後，發現貓把家裡的兩條魚都吃了。他惱羞成怒，把貓狠狠地指責了一番。鄰居瞭解前因後果後告訴他，如果他出門前給貓餵食了，貓不餓，很可能就不會去吃魚。如果他沒有把貓和魚放在一個房間裡養，就算是放在同一個房間養，如果能在魚缸上面加個蓋，那麼，悲劇也就不會發生。所以，貓吃了魚，究竟是誰的責任？

●故事三

有一對夫妻請我吃飯，想讓我調解一下他們的夫妻嫌隙。女方說她無法跟先生一起生活下去了。我問：為什麼？她說她先生了無生趣，一點活力都沒有。我問她當年為什麼嫁給了他。她說，她先生原來陽光帥氣，可是不知道為什麼現在變成了這個樣子，都不知道如何再跟他生活了。

看著她先生那無辜又無奈的眼神，我真不知道該說什麼好。因為，整頓飯期間，他一直在被指責、被抱怨訂的餐廳不好、不會點菜、不該穿這麼休閒的衣服來吃飯等。我想，再陽光的男人在她面前也會變得憂鬱吧！

一個不停地指責，一個回之以沉默——這就是這對夫婦的關係模式。為什麼成功的事業易得，而幸福的婚姻難求？因為**事業的成功與否都是自己的責任，而婚姻出現問題就都是對方的錯。指責是希望被人看到，但指責的時候，對方看到的往往不是你，而是你絮絮叨叨的批評和責備。**

要求伴侶做到的，自己先做到

從戀愛到結婚，雙方都飽含著熱情和期待，可是，為什麼時間長了，大多數人都會覺得好像對方變了，覺得對方沒以前那麼愛你了，你也沒以前那麼理解對方了，最後因愛生恨？合作關係也不例外，合作初期，雙方互相欣賞，相見恨晚，可是合作一段時間之後，總覺得對方不是人，因而分道揚鑣，甚至相見於法庭。

那為什麼有些人的婚姻卻可以恩愛有加、白頭偕老呢？本來是因為商業利益而開始的合作關係，後來卻變成了異性的親人？恩愛的婚姻和友善的合作有什麼祕訣？難道真的有「天作之合」這回事？

答案是肯定的，只要你能夠做到這點，無論是愛情、婚姻，還是其他合作關係，你一樣可以創造屬於你的「天作之合」——古人云：「己所不欲，勿施於人。」要求別人做到的事情，首先，我們自己要做到；自己做不到的事情，就不要強加於別人。這就是所謂的祕訣。也許這個道理大家都能明白，可是，下面這個道理，真正明白的就不多了。

絕大多數關係的破裂，我們都會把責任歸因於另一方。殊不知，當我們指責對方犯下的錯誤時，卻看不到自己正在犯同樣的錯誤。四合院裡指責孩子吵鬧的那位媽媽，不也正在吵著別人嗎？

這樣的模式在生活中隨處可見，我們可以以此類推：

- **一個不斷要求別人包容的人，他包容嗎？**
- **一個批評別人不禮貌的人，他有禮貌嗎？**

●一個老抱怨別人控制的人，是不是一種更強的控制？

●不斷叫別人不能批評，這本身不也是一種批評？

●執著於「不執著」，不也是執著？

……

我們還可以舉一反三，進行自我覺察：

●當你指責伴侶不愛你的時候，你真的愛他嗎？

●當你抱怨伴侶不夠包容的時候，你做到包容了嗎？

●當你攻擊伴侶身上的缺點時，這何嘗不是一個缺點？

●當你指責伴侶不夠肯定你的時候，你有肯定他嗎？

●當你抱怨伴侶心胸太窄時，你的心胸又有多寬？

●當你認為伴侶不夠溫暖時，你自己溫暖嗎？

對方就是你的一面鏡子，幫你照見你身上有、卻不承認的缺點。所以，**保持良好關係的祕訣就是：看見對方的同時，看見自己；要求對方做到的同時，自己先做到。**如果自己都做不到，我們又有什麼資格去指責、要求別人？

「看見」，是為了更好地認識自己。如果我們不能從一段失敗的婚姻中學習和成長，不能改變自己的固有模式，重新選擇的結果，只能是另一場同樣的災難。

沒有所謂的負面情緒，
只有情緒所帶來的負面行為。

黑夜與白天交替，有陽光就會有陰影，
有快樂就一定會有悲傷。
一個允許自己感受各種情緒的人，才是真正健康的人，
他悲傷時真實地悲傷，快樂時才能真正地快樂。
那些看似永遠快樂的人，並不是沒有痛苦，
他們只是用麻木去掩飾痛苦，讓自己「看起來」快樂而已。

關係緊張，只因「目中無人」

有位讀者在微信公眾號後台留言說，她是一名醫師，感覺醫病關係很糟糕，每天上班都戰戰兢兢的，如履薄冰，她婆媳關係也不好，希望我能寫一篇關於「關係」的文章。

給別人最好的禮物，就是「希望」

記得小時候，人與人之間的關係是融洽的、溫暖的。讓我印象最深刻的是，我家蓋房子，全村的人都來幫忙；那時大家都窮，家裡有點番薯、芋頭的都會跟鄰居分享。可如今，不僅是醫病關係，就連最親近的夫妻關係、婆媳關係、夥伴關係……都緊張又膠著。

關於「關係」，我想起了幾年前的一件事。「壹心理」第一輪融資的時候，某創投公司的經理約我們到她深圳的公司見面。當我們一行人風塵僕僕地從廣州趕到深圳時，她正在開會，

我們只好等。好不容易等到會議結束，她卻說會議室有別的安排，七拐八彎地把我們領到一家人潮擁擠、嘈雜喧鬧的快餐店，跟我們談投資。

在深圳這座繁華的現代都市，安靜清雅的咖啡廳和西餐廳到處都是，她卻偏偏選擇在一家快餐店談事，還把我們的計劃批得一文不值。即使我脾氣不錯，在心理領域修煉了十多年，當時也是很生氣。

關係緊張，究竟是什麼原因造成的？醫者仁心，為什麼會有患者揍治病救人的醫師？為什麼我們會看到那麼多關係緊張的婆媳、夫妻呢？當我們聽到家暴的案例時，我們都會譴責施暴者，難道家暴只是施暴者一方的錯？是不是雙方都有責任呢？

對醫師不滿的經歷，我也有過。在五、六年前，我一位朋友得了肝癌。在他人生的最後一段時光，我陪他去看了好幾個醫師。其中一位醫師看了他的病歷報告之後，當著患者的面說：已經是晚期，以現在的醫學水準，已經沒有辦法治了。也許他說的是事實，可是，我當時相當憤怒。要知道，在任何時候，我們能給別人最好的禮物就是給人「希望」，何況是在病人人生的最後時刻。

不會說話的人，能說到讓人心如死灰；會說話的人，可以讓人心生歡喜。當然，大多數醫師都是仁慈的。後來，我陪我的朋友去見了一位醫科大學的專家，這位醫師的話就說得相當有專業素養。他說：患者的病情已經到了肝癌晚期，以現有的醫學技術，暫時沒有辦法做很好的治療，但醫學技術每天都在發展，未來一切皆有可能，像我朋友這麼年輕，有上進心，熱愛生活，只要積極配合他們的治療，用藥物將病情先穩定住，也許會有新的方法出現。

同樣一種診斷結果，但這個醫師的話就給人以希望，讓人覺得很溫暖，因為，他看到了一個患者對求生的渴望以及對生命的熱愛。他的眼中不只是病情，還有活生生的人。而第一個醫師，他僅僅是談論了一件事，雖然盡到了自己身為一名醫師的責任，卻完全沒有去考慮患者身為一個人的感受。

關係緊張，也許是因你「對事不對人」

人們經常會以「對事不對人」自居，甚至把它當成人生的信條，以為這是一種很好的處事原則。卻不知，一段關係之所以會緊張，恰恰是因為我們「對事不對人」。**當我們把焦點放在事情上時，就容易忽略了人，看不見人的情感、人的需求。**如果只是對事，事情就一定會有對錯。對錯，都是由人的標準與立場決定的。不同的人有不同的標準，就算是同一個人，站在不同的立場，他的評判標準不一樣，對於「對與錯」的定義也完全不同。

醫師有醫師的立場，也有要規避的風險，這可以理解。可是當你只顧著規避風險的時候，你給患者的印象就是冷漠的、冰涼的、毫無溫度的。

對患者來說，生病是一輩子要面對、要承受的痛苦，但是很少有醫師會體諒到患者的心理。第一個醫師說的那些話，從醫學角度來說，並沒有錯；可是，站在患者的角度來說，他的人生、他的生命、他的情感就完全被忽略了。所以，關係就開始緊張了，因為你的事情是做對了，但是對面的這個人卻被你忽略了。

夫妻關係也是同樣的道理。無論男女，當你聚焦於事情本身的時候，針對事情的討論就一

定會有對錯。立場不同，你的對錯評判標準就不同。從心理學角度來說，每個人都想證明自己是對的。不幸的是，當你贏了一場爭吵後，你很可能會輸了一段關係。

當一個人想要證明自己是對的時，往往會習慣性地去證明對方是錯的，但沒有人願意承認自己是錯的。當別人說自己錯了的時候，他就會反抗。反抗就會產生對抗，就會導致關係緊張。當然，事情是一定要談的，只是在談之前，我們可不可以先對人的價值給予肯定呢？在談事情前，先看到人的價值，做到「目中有人」。事情有對錯，可人沒有。

看到對方的價值，關係才會更親密

當一個人的價值得到肯定以後，他就會願意降低價值標準去做一些事情，因為他不再需要透過做事來證明自己的價值。「壹心理」融資的時候，原北極光創投公司總經理楊瑞榮把我們的價格壓得極低，可是和他談判讓我覺得很舒服。因為每次跟他談判的時候，他都會充分肯定我們心理人的價值，把我當成一名心理學的導師，請教一些心理學方面的問題。在他面前，我這個人被看見了，我是有價值的。

一切關係的緊張，只因目中無人。所以，**緩解緊張的關係，最好的辦法就是「對事先對人」——一切從人開始，讓他在你面前是有價值的，有血有肉，有情感的。當人的價值被看到了，人與人才會產生連結，關係才會變得更親密。**不管是夫妻關係、醫病關係、婆媳關係，還是合作夥伴關係、老闆和員工的關係，只要「目中有人」，事情就好辦了，因為，事在人為。

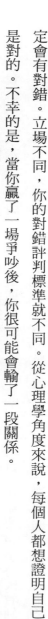

我恨你，長大後卻變成了你

不要相信當事人說什麼，要看他怎麼做

教師節當天，我打開朋友圈，滿滿的都是對老師的感謝。其中夾雜著的一條卻充滿了對老師深深的恨意。他說，他此生從未遇到過一位好老師，遇到的老師不是品行惡劣，就是不學無術。我看了感覺挺難過，不是為老師群體受到攻擊而惋惜，而是因為這位仁兄明顯已經變成了他所憎恨的那種人。

「我恨你，長大後卻變成了你。」這種現象在文學作品中隨處可見，比如主角小時候看到家人被殺害，對殺手恨之入骨，為了報仇，自己最後也成了殺人狂魔。這樣的例子在現實生活

中亦比比皆是，那些備受婆婆欺負的小媳婦，成為婆婆後，對自己的兒媳也異常嚴苛；那些對暴力的父親恨之入骨的兒子，長大後比父親更為殘忍；那些恨母親軟弱的女兒，長大後比母親更為軟弱……

我們明明恨一個人，可是到頭來自己卻變成了和他同樣的人，為什麼會這樣呢？這些看起來非常不符合邏輯的事情卻一直在發生。究竟是怎麼發生的？我們來看一個真實的案例。

在一次課程中，有位女學員問我：「團長，我身邊很多朋友都說我很強勢，不願意和我交往。我的同事、合作夥伴也說我不好相處，不願和我打交道。我明明十分討厭那些強勢的人，自己怎麼可能還會強勢？你覺得我很強勢嗎？」她那高亢的聲調讓我都感到了一絲壓力。我想起心理治療師戴志強老師說過的一句話：「**永遠不要相信當事人說了什麼，要看他怎麼做。**」我想做一個實驗，去探索箇中奧祕，於是把她請到了台上。

她叫衛蘭，職業化的穿著透出一分力量，日光堅定得有點咄咄逼人。她一上台，我就能感受到一股強大的能量場。我很欣賞她的坦誠和堅定，於是請她從現場的男學員中，挑選一個她認為強勢的上台。

她很快選擇了一位看起來高大威猛的男學員。我刻意要求那位男學員扮演一個說話強勢的人，試著從氣勢上壓倒她。可惜，這位男學員根本就不是她的對手，他那種裝出來的氣勢在衛蘭面前弱爆了，整個談話全在衛蘭的掌控之中。

於是，我重新挑選了一位看起來不苟言笑的男學員站到她面前，繼續剛才的練習。這次我要求她不要說話，因為她一說話就會讓自己變得更強，以凌駕於對方之上。我要求她只是看著對方的雙眼，體會自己當下的感受。結果，還沒等男學員開口說話，她的眼眶就濕潤了，雙手不知所措，無處安放。

「衛蘭，怎麼啦？你現在是什麼感受？」

「緊張……」

我慢慢靠近她，說：「緊張是可以的。好，我們來感受這份緊張，來看看緊張的背後是什麼。你看著這位學員的眼睛，留意自己的感受。」

她溢滿眼眶的淚水隨即奪眶而出。

我輕輕問她：「流淚是可以的，你的眼淚在說什麼呢？你從這位學員身上，看到了誰？」

她捂住胸口，哭著說：「我的爸爸。」

「嘗試著把他當成你爸爸，看著他的眼睛，此刻，除了緊張之外，你還有什麼感受？」我試著引導她，陪她一起抵達自己不敢面對的黑暗之地。

「很無力，好恐懼，好害怕……」她說完用手捂住了眼睛。

我鼓勵她把自己的情緒勇敢說出來，於是問她：「為什麼你的爸爸會帶給你這樣的感受？」

「我爸爸有病，脾氣很壞，動不動就打我媽，還有我……我好害怕……」她啜泣著說。

「當你感受到這份害怕時，你心裡是怎麼想的？」我繼續問她。

「我不能像媽媽那樣百依百順，只會哀求和發抖。我好想保護媽媽，可是我做不到。我長大後一定不能被人欺負，只有變得更強大，才能保護好自己。」她的話突然變得有力起來，彷佛抓到了一根救命的稻草。

「你早餐吃了什麼？」我突然用一種輕鬆的語調問她。

「呃……腸粉、雞蛋……還有青菜。」她奇怪地看著我，不明白為什麼我突然問這個無聊的問題。很明顯，她已經從小時候的狀態中抽離了。

人與人之間溝通的意義，在於你得到的回應

我把她拉到了另一個位置，請她看著剛才自己站立的地方，問她：「剛才那裡有一位叫衛蘭的小女孩，為了保護自己，她當年做了一個決定——讓自己變得更強大。她認為只有這樣，才能夠不被人欺負。你看到了嗎？」

「看到了，」她怔怔地看著剛才站立的地方，彷彿那裡有另外一個自己。「她很努力，不管是讀書還是工作，都取得了不錯的成績。什麼事情她都靠自己，她不得不這樣做，但別人只看到了她表面的風光，沒有人知道她背後的付出。」

「我看到了！我知道衛蘭不容易。可是她當年讓自己變得強大的本意是不想被人欺負，並不是去欺負別人。你看今天的她是不是越來越像她父親了？她只是還沒有動手打人而已。」我試著讓她從抽離的位置重新看清楚自己。

「我只是想保護自己，我並沒有像父親那樣傷害別人。」衛蘭並不認同我說的話。

「不管你出於什麼原因，你的行為雖然還沒傷害到別人，但已經讓人感覺不舒服了。你的朋友和同事不是說過你很強勢，不願意和你靠近嗎？**人與人之間溝通的意義在於得到的回**

應。」我想讓她看到更多，於是接著問：「你怎麼知道當年父親的行為不是出於自我保護呢？」

後面的過程，我就不一一敘述了。衛蘭開始明白了，她之所以討厭強勢的人，是因為從他們身上看到了爸爸。而為了保護自己，她又變成自己曾經無比憎恨的爸爸那類人。

人生是自己的，放下仇恨，才能拯救自己

衛蘭的故事讓我們看到，為什麼我們恨一個人，最後卻變成了「他」的原因之一。

大家也許知道中、西醫的一些基本常識。西醫會使用對抗的方法治療疾病，例如感冒時，會使用抗生素對抗和殺滅細菌。但細菌會產生抗藥性，變得越來越強大，於是，抗生素也必須越來越強大，這就出現了細菌與藥物共同更新升級的現象。

我們的思想也是一樣，當你恨一個人時，你會本能地與他對抗。而最簡單有效的對抗方法，就是以其人之道，還治其人之身。於是，別人傷害了你，你恨他，為了跟他對抗，你用同樣的方法去傷害他，結果你變成了他；伴侶不愛你，你恨他，為了與他對抗，你也開始不愛他，不知不覺中，你就變成了你曾經恨的那種人……

這樣的爭鬥難道就沒有終結的一刻嗎？中醫的治療理念也許可以借鑑。中醫不主張與細菌對抗，而強調固本培元。當一個人身體底子好，元氣充足、生命力旺盛時，他自然百毒不侵，何須去與細菌對抗呢？

人生最悲哀的事莫過於，你恨一個人，最後卻變成了你所恨的那種人。與其耗費心神去恨

一個人，不如像中醫那樣固本培元，讓自己的生命力變得更加健康、強盛、有力，那些曾經傷害過你的「細菌」又何足道哉？

冤冤相報何時了？我並不反對報仇，有仇不報非君子！但如果用憎恨的方式報仇，不但不能解恨，反而會傷害到自己，這並不是一種好的報仇方式。我只是希望大家能選擇一種更好的方式。**人生是自己的，放下仇恨才能拯救自己；放下仇恨，自己的人生才能海闊天空、越活越好。難道還有比這更好的方式嗎？**

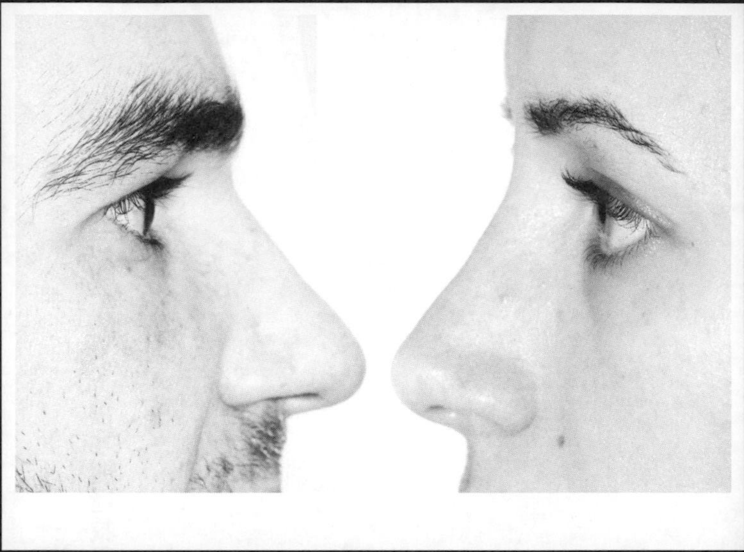

修復關係的三步驟：

一、敢表達你的感受。

二、把抱怨變成請求。

三、勇敢地敞開自己。

別人怎麼對你，都是你教的

你用什麼方法把他變成了現在這樣？

在我接的個案中，婚姻困擾占了很大比重。不久前，我遇到過一位這樣的案主。她是一位四十多歲的女士，希望能夠改善自己的婚姻狀況。毫無意外，她也像其他案主一樣，在諮商時以抱怨作為開場白。前二十多分鐘，她一直在數落丈夫各種各樣的不是，這樣那樣的問題。她的語調中透露著憤怒、悲傷，還有委屈，說到動情處，還夾雜著啜泣聲。顯然，這段婚姻對她而言充滿痛苦。

我耐心聽完，然後平靜地問她：「聽你這樣說，這個男人確實很差勁。我很好奇，當年你怎麼會選擇嫁給他？」

她很自然地回答：「當年他可不是這樣的。」

「你沒嫁他之前，他挺好的，對嗎？」我反問道。

「是的。」她說。

「自從你嫁給他之後，他慢慢就變成了這個樣子，對嗎？」我接著問。

「是的。」她的回答依然肯定。

「這些年來，你是如何把一個好男人變成這個樣子的呢？」

我這個問題一出口，她呆了一瞬，立刻反駁：「明明是他自己變成這個樣子的，跟我有什麼關係？」

我沒有理會她的反應，平靜地重複剛才的問題：「你認識他的時候，他是一個不錯的男人，對吧？」

「對。」她的聲音裡有一絲慌亂。

「自從你嫁給他以後，他慢慢變成現在的樣子，對吧？」

她皺著眉頭想了一會兒，說：「是的。」聲音透著幾分怯意。

我再問：「那你用什麼方法把他變成現在這個樣子呢？」

她默默沉思許久，沒有說一句話。

這是一個我非常熟悉的模式，幾乎每隔一段時間，我就會跟某位在婚姻中傷透心的妻子或丈夫重複類似的對話。

我之所以這樣問，是因為那些在婚姻中傷痕累累的妻子們（丈夫們），他們總是把婚姻的

責任推給另外一方。這讓我想起了另一個案例。

我的一位學員，他結了兩次婚。為了讓孩子有一個好的家庭環境，他把前妻和現任太太先後送進了我們的課堂。

在前妻的眼中，這位學員是個「爛人」，因為他把所有的心力都給了工作，而且脾氣暴躁，心情不好的時候還會動手打人。她萬般無奈下，只能黯然結束婚姻。

「在家裡他什麼都不做，在公司是老闆，在家裡還是老闆，我根本不是他的妻子，只是他的傭人，我真後悔嫁給他。」這位失婚女人曾憂傷地說。

可是，這位「爛人」在他的現任太太眼中卻是另外一副模樣。她說，她的先生雖然工作繁忙，但只要有空就會做一桌子豐盛的飯菜，陪她一起過溫馨的家庭生活。

「我是幸運的，因為我遇到一個超級負責任的男人，無論是對工作還是對婚姻，他都願意承擔起來，他那麼努力是為了讓我們的生活變得更好。」那位妻子說起丈夫時總是情意綿綿。

我好奇地向這位男士求證，究竟哪一個丈夫才是真正的他。他面露尷尬地說：「她們說得都對，前妻說的是以前的我，我太太說的是現在的我，我之所以會改變，是因為我學習了心理學。」

我當然知道心理學會改變一個人，但我相信他的改變不完全是因為心理學，還有一個更重要的原因——跟他生活在一起的那兩個完全不同的女人。

為什麼同一個男人跟兩個不同女人相處時，會是兩種模樣呢？詩人約翰・唐恩（John Donne）說「**沒有人是一座孤島**」，一個人一定會受身邊人的影響，也一定會影響身邊的人。因素當然有許多，而「語言」是其中最不容忽視的因素之一。

語言是如何影響我們的呢？讓我們一起來做個實驗：**現在，請你不要去想一隻白貓，不要想一隻有長長尾巴、正在偷吃魚的白貓**。當我這樣說的時候，你的腦海裡浮現的是什麼？是不是就是那隻長著長長尾巴、正在偷吃魚的白貓？

會說話的人會說到讓人心生歡喜，不會說話的人能說到人心如死灰。這是因為語言能夠引發我們神經的某些反應。不信，請看下面的場景：

● **一位妻子對丈夫說：「你是不是又在想那個女人？」**

丈夫想的事本來跟女人沒什麼關係，但被妻子這樣一問，只得在腦海中努力搜索某個女性了。

● **一位媽媽對孩子說：「在學校有沒有人欺負你啊？」**

孩子的校園生活本來挺開心的，為了回答媽媽的問題，他忍不住就會想：對啊，今天誰欺負我了呢？然後本來早已遺忘的某件不愉快事件就浮現於腦海。

● **一位老闆對員工說：「最近遇到什麼困難了嗎？」**

本來充滿信心的員工，被老闆這麼一問，眉頭一鎖，立刻思索起工作的困難來，原來滿滿的幹勁悄悄沒了蹤影……

這就是俗話說的「哪壺不開提哪壺」。沒有人提白貓時，你並不會主動去想白貓，可是當

你聽到「白貓」這個詞，頭腦中就會不自覺地想到白貓。

試想一下，如果身邊的人總是對你說：「你敢打我？你試試看？」說得多了，某一天，你可能真的會掄起拳頭砸過去……

所以，別人怎麼對你，都是你教的。

為什麼心懷好意，卻做了壞事？

語言是如何影響一個人的神經的呢？這是一個相當複雜的系統。我著重談其中兩點：話語的「指向性」和「框架」。

●話語的指向性，就是俗稱的「哪壺不開提哪壺」

有些事情你不說，別人不會去想；可一旦說了出來，人的神經就會不由自主地聚焦在你所說的那些事情上。前面提到的四個場景就是很好的例子。為什麼會這樣？因為話語的指向性有一個小祕密，即人的潛意識無法處理否定詞。比如，不要想「白貓」，雖然我讓你不要去想，但你的頭腦根本無法分辨否定詞「不要」，於是大腦會直接出現白貓的圖像。

如果不知道這一點，人們經常會心懷好意卻做了壞事。比如考試前，很多父母帶著關心去提醒孩子：「寶貝，今天不要緊張哦！」但「不要緊張」恰恰引發了孩子的緊張。

那怎麼辦？讓話語專注於正向意義。比如，**對即將參加考試的孩子，家長可以說：「寶貝，放輕鬆哦，我相信你。」將孩子的注意力引到「輕鬆」上。**

這一點並非現代人的發現。早在《大學》中就有論述。《大學》開篇講的是「大學之道，在明明德」。「明明德」這三個字特別有智慧。第一個「明」是動詞，第二個「明」是形容詞，「明德」就是一個人本身擁有的好品德。這句話說的是：教育的根本，就是發現一個人本來便擁有的美好品德，並弘揚開來。

怎麼實現這一點呢？明代心學鼻祖王陽明給了一個方法：「致良知」。他說：我們每個人的內在都是有良知的，如果你不去召喚它，它就會一直在體內沉睡著。內在的良知就好像一個在打瞌睡的人一樣，等待著我們去喚醒。

「**長這麼大，你什麼時候最開心？**」當一個人被問及這個問題時，即使他眼裡正含著淚水，腦海裡想的卻是曾經最歡愉的那個片刻。這就是話語的魔力。善用話語可以讓人「明明德」、「致良知」；不善用話語的人，則會引發衝突和暴力。

●話語的框架，其實就是範疇

我們的話語會把別人的思維框定在某個範疇裡，從而引導對方只能在你設定的範疇裡思考。例如，如果你到廣東地區的餐廳吃飯，服務員首先會問你：「請問你喝什麼茶？」這時你的大腦會不自覺地被框定在「茶」這一範疇，你想到的可能是鐵觀音、普洱、龍井等不同種類

的茶，因為服務員的問話設了一個喝茶的範疇。

如果說指向性是一個點，那麼框架就是一個面。除了點，我們還要思考話語帶給我們的面。所以，**當我們給話語設置正向的框架、正向的範疇時，同時也就暗示了對方做出正向的反應；反之，當我們設置一個負向的框架時，對方也會被引導做出負向的思考。**

比如說，有些女人喜歡對老公說：「又打算去哪裡鬼混啊？」老公本來沒有打算出去鬼混的，但老婆的話卻給老公的行為設定了一個範疇——「去鬼混」，老公可以選擇的只是「去哪裡鬼混」而已。如果這個老公真的出去鬼混了，不正是這位「愚蠢」的老婆推動的嗎？

他們變成今天這樣，一定有你的功勞

瞭解話語的指向性和框架後，就不難理解為什麼前面提到的那位男學員，在前妻眼中是個「爛人」，在現任太太眼中卻是良人了。人與人是相互影響的，兩位女士的說話模式不同，男人的表現自然也會不一樣。**我們每個人都在無意識中教會了別人如何對待自己，有的人教會別人如何尊重自己，有的人教會別人如何愛自己，有的人則教會別人如何傷害自己。**

所謂「良言一句三冬暖，惡語傷人六月寒」。如果我們能好好利用話語的指向性和框架兩個特點，帶給身邊人的感受就是如沐春風，暖意融融，我們的生活自然更加美好、愜意。

怎麼用呢？舉幾個例子。

●夫妻關係中

老婆對老公說：「老公，我希望你能對我更好一點。」這句話的框架是老公一定要對老婆好，老公的選擇只能是「怎麼好」。

●親子關係中

當孩子面臨挑戰時，父母可以這樣問孩子：「寶貝，你準備用什麼方法處理這件事呢？」這裡的框架是孩子有方法處理好這件事，於是孩子就會被暗示在方法裡面去尋找解決之道。

●職場中

老闆對員工說：「你怎樣才能把事情做得更好呢？」這裡的設定是老闆相信員工有能力把事情做好，員工努力的方向是「更好」。

……

每個人的內在是多面性的，有天使、也有惡魔，至於被喚醒的是哪一個，就看身邊人用

什麼話語去引導。我們每一個人都注定會影響世界，至少是身邊的小世界。讓這個世界變得更好，還是更糟，全在於自己的選擇。

據說柯林頓與希拉蕊某次在一處加油站加油時，發現幫他們加油的工人是希拉蕊的前男友。柯林頓得意地說：「看，如果你嫁給這個男人，你可能就得在這裡做一個加油工了。」

希拉蕊不愧是一個政客，她的回應犀利而智慧：「如果我嫁給他，那麼今天的美國總統就該是他了。」

這雖然是一個未經證實的故事，但這個故事卻道出了一個不得不正視的道理：別人怎麼對你，都是你教的。所以，別再羨慕別人的老公老婆了，好的伴侶都是精心培養、調教出來的。願你從今天開始不再去抱怨、指責身邊的人，他們變成今天這樣，一定有你的一份功勞。如果你希望他變得更好，開始學習吧，**從說的每一句話開始。**

如果你在眾人六神無主時，
鎮定自若，而不是人云亦云；
如果你在被眾人猜忌懷疑之日，
自信如常，而不是妄加辯論；
如果你有夢想，又不迷失自我；
如果你有神思，又不走火入魔；
如果在成功之中能不忘形於色，
在災難之後也勇於咀嚼苦果；
如果聽到自己說出的奧妙，
被無賴歪曲成面目全非的魔術
而不生怨艾；
如果看到自己追求的美好，
受天災破滅為一攤零碎的瓦礫，
也不肯放棄；
如果你辛苦勞作，已是功成名就，
還是冒險一搏，哪怕功名化為烏有；
即使慘遭失敗，也仍要從頭開始；
如果你與村夫交談而不離謙恭之態，
和王侯散步而不露獻媚之顏；
如果他人的愛憎左右不了你的正氣；
如果你與任何人為伍能夠卓然獨立；
如果昏惑的騷擾動搖不了你的意志；
你能等自己平心靜氣，再作答時——
那麼，你的修養就會如天地般的博大，
重要的是：
孩子，你成為了真正頂天立地的人！

——**魯德亞德・吉卜林**（Rudyard Kipling），〈如果〉（If）

第四章

六個瞬間，一念之轉

——活出不一樣的人生

也許你並沒有真正地生活

工作，也可以是件快樂的事

假如有可能，你打算什麼時候退休？跟大多數人一樣，我也曾希望早點退休，現在我已經超過五十歲了，卻依然在工作。

為什麼人們希望早點退休？因為工作並不是一件快樂的事，要養家糊口啊！如果能夠實現財務自由，就可以早點退休，做自己想做的事情。可這談何容易？於是大多數人不得不做著自己並不願意做的工作，越活越不開心。

而另外一些人，他們早就實現了財務自由，不用靠工作來養活自己，可他們依然在工作。我認識一位叫蘇西・史密斯的老太太，已經七十多歲了，每年從遙遠的美國飛到中國講課，每

次見到她都感覺她越活越開心，越活越有活力。為什麼蘇西・史密斯能夠享受工作，並且越活越開心？

二十年前，我曾經做過一段時間的遊學業務，當時請了一位叫阿Joe的台灣資深導遊和我們同行。那時阿Joe已經六十多歲了，還在滿世界跑，本以為他是為了生活，不得不工作，後來我發現，他竟然是個開賓士、住豪宅的富翁。我忍不住問道：「Joe，你為什麼不在家裡好好享受人生，還要出來和我們東奔西跑，那麼辛苦呢？」他樂呵呵地說：「你覺得我辛苦嗎？我不覺得啊？你們花錢請我滿世界玩，我覺得很好玩啊，我根本沒把它當成工作。」我看他整天樂樂呵呵，就是個老頑童，天大的事情在他面前都不是事兒。我想，他是真的把工作當成了玩樂。

和他恰恰相反，當時的我雖然在周遊世界，整天遊山玩水，卻常常感到疲憊，因為對當時的我來說，旅遊僅僅是一份工作，那時的我並不能像阿Joe那樣把工作當成玩樂。

人生足夠長，賞花、看景，並不會影響目標的達成

為什麼有些人能把工作當成玩樂，而大部分人都在工作的煎熬中苦苦度日呢？

幾天前，我初到紐約的中央公園，突然被這裡的景色迷住了。那天，公園裡恰巧在舉行馬拉松比賽。看見賽道兩旁百花盛放，我突然有股很想跑步的衝動。第二天早上，我便嘗試了人生的第一次十公里跑。中央公園的跑道實在太美了，到處都是盛放的櫻花、海棠、玉蘭。跑步的時候，我總是忍不住停下來，拍拍照，看看花，當天跑完全程的成績是一小時十六分。因為

不是專心跑出來的成績，休息了兩天之後，我再次嘗試，這一次沒有賞花看景，專心跑步。可兩次跑步的成績差別並不大，僅相差幾分鐘而已。

這次跑步，讓我回想起了十幾年前上「TA」（Transactional Analysis，溝通分析）課程時，老師對我說的那番話：「你整個人只活出一種成人的狀態，心中只有目標，完全沒有了兒童的活潑，也沒有父母的愛心，你這樣活著，有意思嗎？」

他的問話就像當頭棒喝，讓我一時語塞。那時候的我，做事以目標為重，心中只有工作，凡事冷靜、理性。我一直為自己做事效率高而自豪，卻沒想到在效率高的同時，人生不知不覺中失去了很多。

我失去了什麼？在這裡先跟大家說明一下美國心理學家艾瑞克・伯恩（Eric Berne）的「TA」理論。伯恩把人的內在分為五個部分（參見左頁圖三）：

一、愛心父母：一個人天生對別人具有關愛、支持、肯定的部分。

二、批評父母：這個部分會促使我們批評、貶低、禁止、懲罰和控制他人。

三、成人：「成人我」的狀態比較理性、客觀和沒有什麼情緒，以現實為基礎，並以成熟、客觀、邏輯及理性思考的態度對待他人。

四、順從兒童：自卑懦弱，容易順從別人，會顯得幼稚，感到柔弱無助，會迎合別人的期待。

五、自由兒童：像孩子般天真、活潑、快樂、自在的部分。

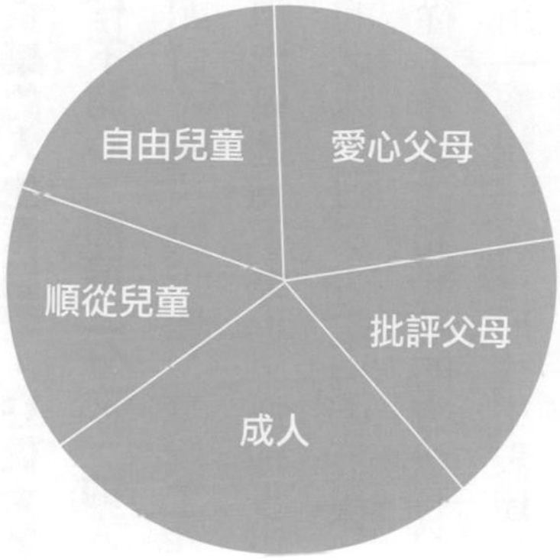

【圖三】人的內在組成

伯恩認為，一個人的內在，一般會同時具有上述這五個部分，但由於每個人的成長背景不同，某些部分會在成長的過程中被強化，而其他部分會被壓抑。以我為例，因為生存的不易，我的「成人」部分早早就被強化了；與此同時，我的「自由兒童」部分在生存的壓力下，不知不覺被壓抑了下來，於是，我只活出了人生的一小部分，而失去了人生本該擁有的很多樂趣。

以前的我一直認為，玩樂會耽誤正事。但從阿Joe身上，我看到了，正因為他善於玩樂，他才能帶給我們快樂；正因為他能夠隨時處於玩樂的狀態，他才能更好地保持自己的工作狀態；也正因為如此，他成了一位著名的導遊，收入是一般導遊的好幾倍。

這次跑步的體驗，讓我更深地體會到了當年溝通分析課程老師對我的教導。只要路程足夠長，賞花、看風景並不會影響我的目標；恰恰相反，因為一路上欣賞美景，讓旅程充滿樂趣，這樣的過程和結果都是快樂的。而當我只專注於目標的時候，就會忽略旅程的風景，這樣的結果就是越做越累，越累越不想做，只盼著早點休息，那何來快樂可言？工作也是如此。

如今，真正會「慶祝」的人越來越少

快樂的人生意謂著，在做大多數事情的時候，你是快樂的。工作占了人生的三分之一，如果工作不開心，那這三分之一的人生基本就白活了。

如何才能快樂工作、享受工作呢？我想，聰明的讀者已經從我跑步的經歷中得到了啟示。如果跑步只是為了跑步，那跑步可能會變得很枯燥。同樣地，如果工作只是為了工作，工作將何等的乏味！阿Joe之所以在退休的年齡還在工作，是因為他能在工作中找到樂趣。

從工作中找到樂趣的方法有很多，其中一種就是「慶祝」。人類在發明語言之前，就已經懂得用「慶祝」這一形式來表達對生命的感恩。部落群體中，人們會在火堆旁起舞，或用歌曲傳情。後來人們發明了節日，用來慶祝經過一年耕耘後豐收的成果，感恩天地的同時，分享幸福的喜悅。但如今，真正會「慶祝」的人卻越來越少。為什麼？

一是因為人們總是習慣於把焦點放在負面的事情上，習慣於指責和質疑，總是去看事情不夠好的一面。當我們總認為自己以及整個世界都不夠好時，又如何有心情去慶祝呢？

二是我們的觀念依然停留在過去，當我們用過去的觀念去評判人、事、物時，我們看世界

的方式已經固化了。面對一個固化的世界，又有什麼值得我們去慶祝呢？

孩子之所以總能保持快樂的狀態，是因為在孩子的眼中，他碰到的每件事情都是新鮮的。只有那些「新鮮的」人和事，才能讓我們從內心深處產生愉悅，由內而外地感受愉悅，自然而然地手舞足蹈。我想，這也是古人喜歡慶祝的原因吧！而現代人的某些慶祝方式，不過是借熱鬧的場合掩蓋寂寞的心罷了。即使你能感受到快樂，也只是透過外在的感官刺激而獲得的短暫快樂，這種快樂過後，留下的是無盡的空虛。

不會生活的生存，只是一種低品質的生存

只有由內而外升起的愉悅感，才值得慶祝！愉悅來自收穫，也來自成長。如果你的生命都是老舊的、一成不變的，你就感受不到愉悅；如果你一直盯著自己不好的一面，總用挑剔的眼光去批判、質疑自己以及身邊的人和事，甚至整個世界，你很難會有愉悅感。這也許就是很多現代人越活越不開心的原因吧！

我們每個人都不甚完整，接納自己的不完美，釋放內在的自由兒童，去感受、去改變、去成長，如此才能享受生活、快樂工作。

如何改變？不妨試試下面的方法！

●有意識地把焦點放在「收穫」上，事情總有它的多面性，即使是一件看起來很糟糕的事情，只要你願意，總能從中有所獲得，至少你可以從中學習。學習和成長，就是人生最好的收穫。當你能夠隨時隨地看到你的收穫，你自然會像孩子般開心。

●有意識地為自己的生活設計一些慶祝活動，嘗試用有趣、好玩的方式工作。就像我第一次在中央公園跑步那樣，向目標努力奔跑時，不忘停下來賞賞花。我們的人生足夠長，偶爾停下腳步去欣賞美景，感受喜悅和安寧，並不會影響我們人生目標的達成。

社會心理學家弗雷德・布萊恩特（Fred B. Bryant）等人指出，「慶祝」可以讓忙碌的生活暫時停下來，打開我們感知的大門，有利於身心健康。當我們停下來細細品味喜悅的滋味時，就為自己築起了抵禦壓力的堡壘。即使一次小小的慶祝也能滋養我們，讓積極情緒在身體裡不斷滋長，讓我們更加輕鬆地應付日常壓力。

要學會慶祝，必須釋放我們內在的自由兒童。為什麼孩子能夠吸引大家的注意力？因為他最有活力。所以，釋放我們內在的自由兒童，就能釋放我們的內在活力。釋放自由兒童並非易事，需要不斷地療癒自己內在的匱乏。學習心理學，就是一條自我救贖的療癒之路，這條路我走了二十多年，未來還會繼續走下去。

內在的匱乏會讓我們對未來充滿焦慮，而焦慮會讓我們聚焦在生存，失去「生活」。**不會生活的生存，只是一種低品質的生存。而「慶祝」既是對生活的獎賞，也是對自己生命能量的補償。**當你開始習慣於慶祝時，你會發現，什麼時候退休已經不再是問題，因為，你的生命將處處充滿樂趣。

逃離人生的「死循環」，建立可持續的「正循環」

你的人生，是否陷入了無限「死循環」？

春節假期，大多數人都習慣在吃吃喝喝中度過，我也不例外，每年春節期間都有許多飯局，有親戚之間的來往，有同學聚會，也有多年不見的老朋友相見。有彼此相談甚歡的，也有酒後大吐苦水的。我不愛喝酒，更不會喝醉，在酒桌上都能保持清醒，正因為清醒，所以發現了大家借酒勁訴說出來的苦裡面，基本都有一個死循環或是死結，彷彿陷入了一個死亡螺旋中，無法自拔。

比如，有人因為錢的問題而苦惱。因為沒錢，所以省錢，不敢花錢；因為不敢花錢，視野

變得越來越窄，機會越來越少，當然就更賺不到錢，於是只能更省錢……

比如，有人因為孩子問題而傷神。孩子長大了，開始不聽話了，父母就想盡各種辦法去加以控制。哪個孩子會喜歡被控制？於是更加叛逆。父母的控制手法相應地就會升級，但結果並不會好轉，因為孩子的反抗也會跟著升級……

還有就是夫妻關係的煩惱。夫妻產生嫌隙時，一方總認為是對方的原因，總試圖去改變對方，可是沒有人願意被改變。你越是要改變他，他就越是跟你作對，這樣，嫌隙就越來越大……

聽他們聊天，我想到托爾斯泰的一句話：「**幸福的家庭都是相似的，不幸的家庭各有各的不幸。**」只是在他們各自的不幸中，我又發現了驚異的相似性——他們的苦惱好像都陷入了一個死循環，彷彿身陷泥潭，越掙扎，陷得就越深。

大文豪巴爾札克曾說：「**我好累，我要去旅行，只有旅行能讓我放鬆，但是旅行需要錢，賺錢就要工作，投入工作就沒有時間，所以我一直無法去旅行，我陷入了惡性循環，無法逃脫，不得自由。**」

看來，大文豪和當下的我們擁有　樣的困惑——旅行的時候牽掛工作，工作的時候幻想旅行，旅行、錢、工作，三者看似毫無關係，其實已經串聯成一個循環圈，我們在這個圈裡早已轉得筋疲力盡。

人生很多困局都有這樣的死循環。面對這些死亡螺旋，我們該怎麼辦呢？要跳出循環，我們必須先看到循環。以巴爾札克的問題為例，他的困難是很累，想去旅行，而旅行需要錢，所以他決定努力賺錢，於是他更加努力工作，結果更沒有時間去旅遊，而人也變得更疲憊了。最

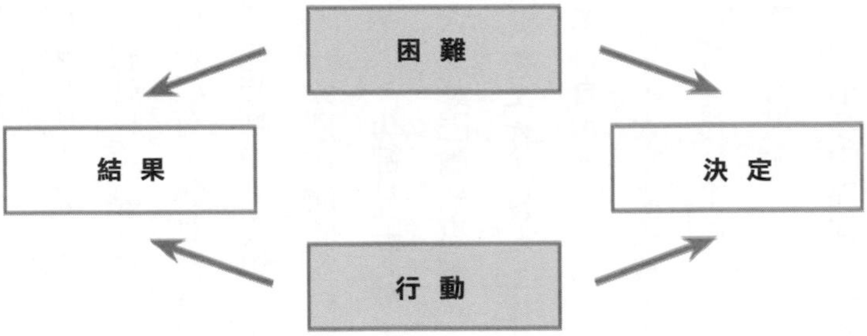

【圖四】

後的結果是，一切又回到了原點，不停地循環往復。

這裡面隱藏了一個由**困難**、**決定**、**行動**、**結果**四個要素組成的循環。彷彿有一根無形的繩索把這四個要素串聯了起來，不知不覺中形成了一個循環圈，就像一條咬住自己尾巴不放的銜尾蛇，首尾相連，無法切斷（如上方圖四）。

我們再以上文提到的沒錢的苦惱為例，他的困難是沒錢，所以決定省錢，行動時不敢花錢，而結果是視野變得越來越窄、機會也越來越少，長此以往，當然更賺不到錢，於是只能更省錢（如左頁圖五）……

夫妻關係也一樣，雙方出現嫌隙時，一方就會做出一個決定——改變對方，產生的行動是控制、干涉、說教等。但是，這個世界上又有誰會心甘情願被別人改變呢？結果必然是爭吵，甚至家暴。所以關係又回到了最初的起點——夫妻之間的嫌隙變得更深。

親子教育也不例外。在孩子教養方面，家長遇到的問題通常是，孩子慢慢長大了，開始有了自己的主見，難免有些觀點或行為不符合父母的意願。這時

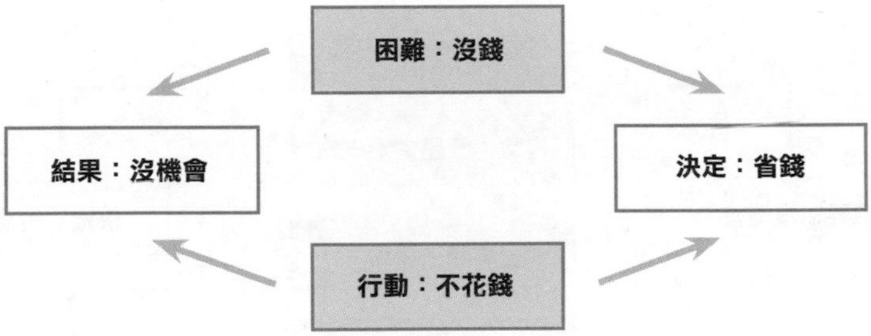

【圖五】

候，身為父母很容易就會做出一個決定——改變、控制孩子，希望孩子按自己的意願去做。隨之而來的行動是干涉孩子的行為，甚至是打罵式教育，這樣的結果就是，孩子變得更加叛逆，或者從此對父母關閉了心門，問題不但沒有得到解決，反而變得更嚴重了……

當我們遇到一個問題時，為了解決問題，需要做出決定，然後會按自己的決定行動，而行動帶來的結果又會讓之前的問題周而復始。在這樣的循環裡，系統一旦形成，就會像不受控制一樣不由自主地開始強化，最後發展成為人生的死亡螺旋。如果不能打破這個循環，我們將會繼續在重複的軌道，一遍遍預演已經上映了無數次的失敗。

陷入「死循環」的人生，要如何破局？

面對這樣的循環，難道我們就沒有辦法跳脫出來了嗎？要突破死亡螺旋，首先，要看到死循環背後的

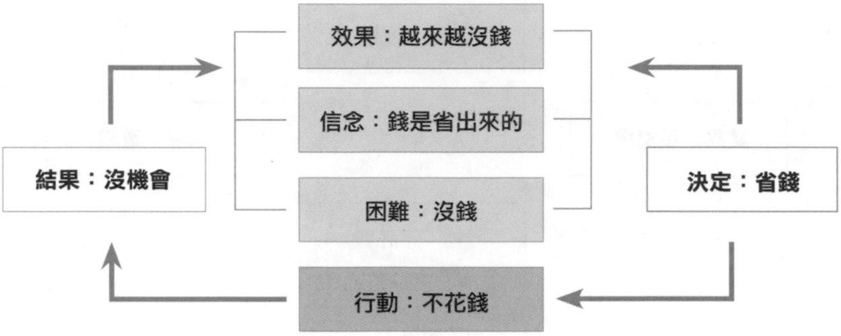

【圖六】

假設和信念。

以沒錢的苦惱為例，「沒錢→省錢→不花錢→沒機會→更沒錢」這個循環背後的假設是：錢是省出來的。如果我們能看到這個假設，並且能看到這個假設帶來的結果是「更加沒錢」（如上方圖六）。

當你能清醒地看到這一切時，你就不會傻到堅持一個讓自己陷入困局的信念，也許你會改變信念，換一種活法。**如果你願意把關於錢的信念改成「錢是用能力賺來的」，那你的決定就會變成「提升能力」，而行動就會變成「學習和成長」，結果自然就會是「變得有能力」，帶來的效果就會變成「越來越有錢」，而這一結果會進一步強化「錢是用能力賺來的」這一信念，於是死循環就變成了一個正向的循環**（如左頁圖七）。

而夫妻嫌隙呢？夫妻之間一旦出現嫌隙，就會陷入「夫妻嫌隙→改變對方→干涉與控制→爭吵→嫌隙加深」這一死循環中，這個循環背後的假設是「嫌隙是因為對方的責任」。可真的是這樣嗎？俗話說：

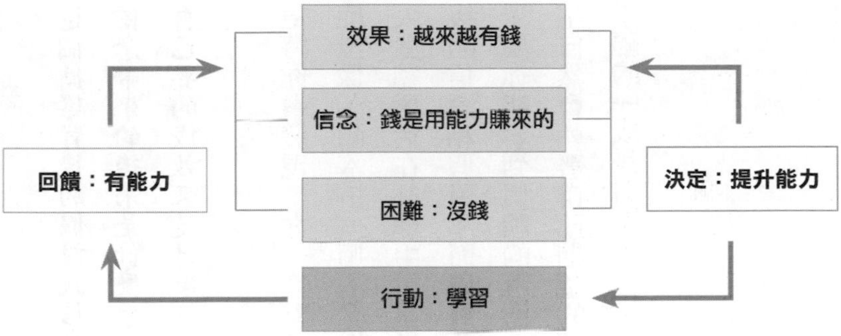

【圖七】

「一個巴掌拍不響。」夫妻嫌隙一定是雙方都有責任，可為什麼我們總想著去改變對方，不去反思自己的問題呢？如果我們能念頭一轉，從自身做起去改善夫妻關係，那死循環馬上就會變成一個積極向上的活循環：**困難（夫妻嫌隙）→決定（改善自己）→行動（覺察、反省、負責任）→結果（處理關係的能力提升，夫妻越來越恩愛）**。

孩子的教養困局又要如何破解呢？我在這裡就不再闡述了，留給各位讀者自己去發現循環背後的假設，並想辦法去扭轉它。同時，希望各位聰明的讀者舉一反三，用同樣的原理，去扭轉人生中各種各樣的死亡螺旋。

正向循環一旦啟動，人生會越來越好

當生活出現自己無能為力的狀態時，很可能你正陷在死亡螺旋中，這時候，你要做的不是去喝一杯，用酒精麻醉自己，而是讓自己保持清醒，從困局中抽離出來，去看看、去想想：

這個循環背後的假設或信念是什麼？

信念帶來的後果是什麼？

自己要的成效又是什麼？

這時你會發現，你一直堅持的想法和你想要達到的成效漸行漸遠，你的人生也像不斷循環的螺旋一樣，陷入了一個怎麼繞也繞不出來的困局。

人生總會活在循環中，不是負循環，就是正循環。是正循環，還是負循環，完全取決於循環背後的信念和假設。而**破局的關鍵是：找出死循環背後的假設，並且想想你要達到的人生效果。**只要你能看到假設的荒唐一面，願意轉換信念，並為了新的人生目標不斷努力與成長，你的人生自然會朝著自己期望的那樣邁進。一念之轉，原來的死亡螺旋，瞬間就會轉變成讓生活更加幸福的「成長引擎」，足以改寫人的一生。因為正向循環一旦啟動，人生一定會越來越好！

你的世界為什麼越活越小？

對安全感的追求，會局限我們的人生

《莊子・秋水》中寫過一句話：「**井蛙不可以語於海者，拘於虛也。**」這句話後來演變成婦孺皆知的成語——井底之蛙。意思是待在井底的青蛙，只能看到井口那麼大的一片天，卻以為自己擁有了全世界，多用來比喻人目光短淺。

其實人類也和青蛙一樣，更願意待在舒適區，因為未知世界帶來的不安全感會吞噬我們太多的能量，讓我們把心力和焦點放在求生存上，從而忘記了該如何好好生活。

其實，一味地追求安全感，並不一定就會獲得真正的安全。過分地追求所謂的安全，反而會給你的人生戴上一副枷鎖，讓人生少了很多種可能。對安全感的追求是如何局限我們的人生的呢？

世事無常，人生路上那些始料不及的變化，讓我們的生活充滿了未知和恐懼。可是當我們打遊戲或追電視劇的時候，卻很喜歡變數與未知。打遊戲通關時，每一次未知都能極大地激發我們的求勝欲，每一次互動體驗都能帶來屬於自己的挫敗感或成就感，這種未知的變數讓我們樂此不疲，即使熬紅了雙眼也要繼續玩下去，因為我們不知道下一個關口等待我們的又是什麼樣的挑戰。

在消遣娛樂中，我們樂意聚精會神地去探索和發現，可是一旦知道了即將發生的，興致就會大打折扣。但對於自身的命運，我們恨不得能一探究竟，預先知曉。

與其提前知道那個果，不如先種好當下的因

可是，提前知道自己的未來，真的好嗎？我跟大家分享自己的一段親身經歷。

很多年前，我認識了一個據說算命很準的道教女師父。有一天我們一起吃飯時，她看了我一眼，說：「團長，今年你可能會退財，或者有親人會離開你。這一劫你是躲不過的。」我問她：「有解嗎？」她說：「無解，但願只是退財，親人不要有什麼問題。」

當我知道某件事情可能會發生，但又無法阻止的時候，心裡很不是滋味。偏偏沒過多久，我母親就在家裡跌倒，病危入院。那段時間，我整天惴惴不安，女師父的預言一遍遍地在我耳邊迴響，令我寢食難安。我對母親的病情也一直很悲觀。幸好，有一天我突然接到公司電話，說有一筆業務被騙了二十多萬。以往我聽到這樣的消息也許會怒不可遏，但那一刻我瞬間長長地舒了一口氣。因為按照預言所說，我退財了，我的母親就沒事了，後來她的病情果然慢慢穩定了下來。

那位師父的確算得很準，但自從經歷這件事情後，我就有意識地躲避她，因為我不想再被人劇透自己的人生。我也害怕提前知道那些未來會發生，但自己卻無能為力去改變的事情。當你知道未來某些事情必然會發生，而自己又無力扭轉的時候，你提前知道又有何意義？還不如把焦點放到現在，去勇敢面對，坦然經歷未來不確定性帶來的那份挑戰。與其提前知道那個果，不如先種好當下的因。

只是大部分人還是想提前知道未來會發生的事，因為無法掌控未來，就意謂著沒有安全感。這種不確定性會讓人心生恐懼，而恐懼會讓人不由自主地退縮，直至退到一個安全確定的範疇，即使這個範疇會越來越小。

當你追求確定性時，你正在畫地為牢

因為對安全感的需求，人們往往會去追求可控性。身處可控的環境裡，我們自然會感覺安全、舒適。例如，回到家後的你是最放鬆的，因為你很清楚房間的每個角落擺放的是什麼，哪裡是廚房、哪裡是客廳、哪裡是臥室，在這樣一個自己極為熟悉的環境裡，你會感覺非常安全。而當你身處陌生的環境，就會有很多的不確定性。於是很多人會一直待在自己熟悉的舒適區，只為確保內在的安寧與閒適。

我們不光追求生活環境的可控，在人際關係的處理上，為了讓自己更有安全感，我們也習慣於把社交圈限定在自己熟悉的人際關係範疇，而不願意打開自己的內心世界，主動去和陌生人接觸。**表面上是不願意，深究起來，其實是不敢。**

生活環境是如此，人際交往亦如此，我們所做的事情也是如此。當我們面臨創新或挑戰時，很多人會選擇安全係數最高的那條路，只願做自己最熟悉的事情，即使那些事情並沒有讓你產生多少成就感，很多時候你也並沒有多喜歡它，只是你覺得它安全、可控而已。**我們總習慣於待在熟悉的領域、交熟悉的朋友、做著自己熟悉的事情，以為這樣就安全、可控了。只是在不知不覺中，受你掌控的範疇會慢慢縮小，因為你給自己的人生處處設了限。這就是為什麼有些人的世界會越活越小的重要原因。**

而我們身邊總有那麼一些人，他們周遊世界、廣交朋友、不懼未知和挑戰，結果生活越過越精采，事業也越做越大……你以為他們的能力比你強很多，其實，**他們只不過是比你多了那麼一點「敢於嘗試未知的勇氣」罷了。**

如何才能走出自設的牢籠？或許你可以試試從那些不確定的事情開始。俗話說，人生如戲。人生何嘗不是一部電影、一局遊戲呢？你是希望這局遊戲的一切都是確定的，還是希望它充滿變化和未知？哪一種會更值得期待、更充滿驚喜？我想，對大多數朋友來說，答案都是後者。因為當你追求確定性的時候，你正在畫地為牢。而當你用玩的心態去過你的人生時，你的人生旅途才會變得更精采有趣、處處都是驚喜。

人生充滿無限可能，我們不要為了一時的安全感，而給自己設置無形的障礙，讓自己如牢籠裡的困獸一般不得自由；我們更不要為了所謂的安全感，而放棄了探尋更美好人生的可能。

當然，如果你坐井觀天卻又樂在其中的話，也未嘗不可，只是不要抱怨自己的世界太小就行。

一個人的翅膀，就是他的自我價值。

從小為了孩子的安全而限制孩子，
就像從小剪斷了孩子的翅膀，
孩子長大後，卻抱怨他不會飛那樣可笑。

我不再祝你「心想事成」

心想事成，真的是件好事嗎？

歡度春節的時候，各種各樣的祝福語中，一定少不了「祝你心想事成」這樣的祝福。的確，不少人都有在新年發願的習慣，因為，在中國人看來，新年是個好兆頭，這時候許下一個新年願望，總希望能心想事成。可是，心想事成真的是件好事嗎？

我最近幾年都會在開年之際做一個新年許願活動，對於年初願望實現了的朋友，我會送出一份小禮物。在活動的後台留言版，有實現了願望欣喜若狂的，也有願望無法實現而失望的，還有願望實現後失落的，因為部分人實現願望後，才發現這根本不是自己真正想要的。

比如有人的新年願望是結婚，結果婚是結了，婚後的生活卻並不幸福；有人的新年願望是

多賺點錢，到年底時發現，錢是賺了不少，可房價也漲了不少；有人的新年願望是希望自己能創業做老闆，可做了老闆才發現，日子反而過得更艱難了……

當然，多數人新年願望實現後是充滿喜悅的，有人甚至還會發現意外的驚喜。比如網友「一鳴」留言說，他今年升職了，從技術崗位換到了管理職，他希望學點心理學提升自己的管理能力。結果沒想到，學了心理學之後，自己不僅在管理崗位做得很好，夫妻關係也更加親密了，孩子的學習也不用操心了，家庭更加溫暖、和諧。原本是為了適應新的工作而許下的願望，沒想到，隨著願望一起到來的還有一連串的驚喜。

同樣是透過自己的努力實現了願望，為什麼有些人充滿失落，有些人卻能收穫滿滿呢？如果真有一位燈神出現在你的面前，他說可以滿足你一個新年願望，你會許下什麼願望呢？我們一起來談談如何許下一個值得「心想事成」的美好願望吧！

我們嚮往、追逐的，不一定是自己真正喜歡的

我們總喜歡祝福別人「心想事成」，其實，心裡想的有些事情還是不實現為好。先不說人的心裡總有很多負面想法，就算是你現在認為很「正面」的想法，如果把時間拉長一點看，也未必真的就那麼「正面」。

記得當年我剛工作時，住在工廠旁邊一個破破爛爛的宿舍裡，那裡的牆碰一下，泥土都會簌簌往下掉。離我住的地方不遠處有一棟兩層小樓，總建築面積不超過三十坪。當時我就想，

我這輩子要是有這樣一棟小樓，也不枉此生了。幸好當年老天沒有讓我心想事成，如果當年我心想事成了，我就不會離開那家工廠，今天也許還住在那幢小樓裡。如果我當時追求的人生目標就是緊緊盯住那三十坪的小樓，那我的一輩子也許就那樣了。

每個人心裡的願望，都會受到當時環境和當時思維格局的限制。就像如果你問一個乞丐，他的願望是什麼，他也許會說想占領某座天橋底，因為那裡人流最多，可以乞討到更多的錢，還能遮風擋雨。他這個願望如果實現了，日子是會好過一點，但再好他也還是一個乞丐，還是跳不出原來思維的限制。

我們大多數人就如井底之蛙，以為自己眼睛所能看見的世界，就是全世界；以為自己過的將就生活就是當下最好的生活。所以我們大多數時候許的所謂願望，跟乞丐許的願差不了多少，也會受當下的習慣、思維格局所局限。因此，**在當下視野範圍內的「心想事成」，基本上沒什麼意義，因為我們的眼界決定了我們的目標。**

生活中有大量這樣的例子。我們終其一生為一個目標奮鬥，當某一天我們真的抵達了，卻發現沒什麼意思。就像買房，等到真的買了房、住了進去，好像也就那樣，除了背負一身債務，人生並沒有太大變化。更重要的是，每個願望的實現都會消耗你大量的時間和心力，**與其終其一生去實現那些你自以為想要達成的願望，不如靜下來好好想想：究竟什麼才是自己真正想要的。**

有時候，我們嚮往、追逐的東西並不一定是自己真正喜歡的。那我們應該如何設定自己的願望？什麼樣的願望才值得我們去祝福「心想事成」呢？

在我的課程中，有一個設定目標的環節。我發現，絕大多數學員設定的目標都離不開賺多少錢、住多大的房子、開多豪華的汽車、做多大的事業，或者是周遊世界、娶個好老婆或嫁個好老公，再不就是找一份錢多事少離家近的工作……不知各位讀者有沒有發現，這些目標的焦點都在「事」上，極少有人會把目標放在「人」上、放在自己個人的成長上。也很少有人會發現，所有事情的實現都是建立在「人」的基礎上的，因為，事在人為！

你的眼界在哪裡，你的世界就在哪裡

「目標」是我們頭腦裡預設的未來，而且是我們能想像到的、最好的未來藍圖。但我們每個人其實都活在各自的井裡，我們所能想像的未來，也永遠只是站在現在的框架和視角去設想的。現在的我們，對未來的期望、設想，坦率來說，想像力是極其有限的。因為我們根本就不瞭解自己，不瞭解自己的盲點、不瞭解自己的潛力，所以很多時候，我們設置的目標很容易就變成一個限制。

那為什麼有些人的目標實現會帶來一連串的驚喜呢？

我們來看看「一鳴」的目標吧。他的目標是提升自己的管理能力，方法是學習心理學，他把焦點放在自己這個「人」身上，而不是聚焦於「事」上。「人」成長了，能力強了，格局大了，心胸寬廣了，與這個「人」有關的各種「事」自然就圓滿了，因為**事情是建立在做事的人身上的。只有那些能讓你有所成長的目標，才是你人生真正該去追求的目標。我們要做的，不**

是站在現有的高度去制定目標，而是去開拓自己的眼界、去提升自己人生的高度。因為你的眼界在哪裡，你的世界就在哪裡。

就像你在十多年後參加同學聚會時會發現，你曾經不敢接近校花，現在你都沒有了繼續追求她的欲望，不是她變得不好了，很可能是你已經抵達了更高的人生高度。

除了內在的限制，還有外在的困難。當你站在目前的高度，你一定會面對很多困難。在困難面前，你的想像力會妥協。因此，你所謂的願望，只不過是你內心掂量過自己能力之後的一點點想像而已。困難就像一座大山擋在你的面前，你的目標也許就是山前的那一小片空地，因為大山擋住了你的視野，你只能看到眼前的這方小天地。

但山不會繼續長高，困難也一樣，不會變得更難，而我們人類會變得越來越強大，強大到可以把大山踩在腳下、把困難甩到身後，前提是我們需要不斷成長。舉個簡單的例子：對一名小學生來說，功課也許是個不小的難題，老師出的題目也絕對不會讓你感覺輕鬆；可是當你成為中學生後，小學時再難的功課，對你來說都是小菜一碟，因為你成長了，能力提高了。

每一個困難的出現，都是在助你抵達更高的維度

困難不會長高，但你的能力可以！困難是死的，但人是活的，向上的路從來都不擁擠，如果你覺得擁擠，一定是層次太低。高度決定視野，當你站在矮的地方，你的視野是有限的；當你站得更高，你的視野肯定更廣袤，你自然也會看到不一樣的風景。如果你身處窪地去想像那

所謂的未來，內在的制約和外在的困難，都會讓你的願望局限在一個十分有限的空間裡，這樣的「心想事成」很容易就變成了「畫地為牢」，而本來十分善意、美好的祝福，也容易變成把人困在囚籠的咒語。

我之所以能在廣州立足，在大都市謀得一席之地，是因為當年的我無法「心想事成」，無法在自己出生的小縣城擁有那三十坪的兩層小樓，無法在那貧困的地方找到機會安身立命。命運逼著我不斷學習和成長，不斷地拓寬自己的維度和高度。當我的能力和高度在不斷提升時，我發現，當年我想擁有的一些物質財富，自然而然地來到了我的身邊，而且還遠遠超過當年的想像。

當然，今天的你不用像當年的我那樣，被動等待命運的逼迫才去學習與成長，你可以主動改變自己的焦點，走出去看看外面更廣闊的世界，努力拓寬自己的視野，去遇見更好的自己。當你不斷在成長，原本的困難就不足以妨礙到你。當然，你會遇到新的困難，但每一個困難的出現，都是在幫助你抵達更高的維度。與其讓有限的想像力局限自己的人生，何不換個方向，讓自己站得更高、看得更遠。一艘沒有目標的船，無論海上吹什麼風，都不是順風。但目標一旦確定，不管吹什麼風，只要你調整好風帆的角度，八面來風都是順風。人生也一樣，成長的目標一旦確立，你會發現，生活中發生的一切事情，都是為了助你成長而來，都是你生命的助力。所以，今年的新年願望，你不妨試試以成長為目標。**只要你每天都在成長，假以時日，即使你得不到你要的，也一定會得到更好的。**

犧牲自己，也是一種自私

自私的反義詞是犧牲嗎？

生活中，有那麼一些人，他們是別人口中的好人，總是在為別人著想，不惜犧牲自己也要成全別人，到頭來卻把生活過得一團糟，自己一肚子委屈不說，身邊人也過得不開心；而另外一些人，他們表面上看起來處處為自己著想，不輕易出手幫人，是別人眼中的「鐵公雞」，但他們卻生活得很幸福，身邊的人也會因為他的「自私」而越來越好……

為什麼會有這樣截然不同的兩種結果呢？難道人真的要自私一點，才能過好生活嗎？

電視劇《我的前半生》中，女主角羅子君大學名校畢業，原本在外商公司工作的她，因為老公的一句「我養你」，放棄了工作，選擇回家當全職太太。時間久了，整天只知道逛街買買

買的她，和老公的共同語言越來越少，疑心病越來越嚴重。在她看來，她放棄了原本不錯的工作，放棄了自己的圈子，為了這個家，她做出了多大的犧牲啊！可後來，兩人的婚姻還是走到了盡頭。

為家庭犧牲了自己的羅子君，結果生活得並不幸福。那不犧牲自己又會怎樣呢？我曾經看到過這樣一個故事：一對夫妻，丈夫是個工程師，性格內向；妻子學經濟出身，性格外向，事業心強。他們家是男主內，女主外，男人在家帶孩子，女人一心忙事業。許多人都覺得這不可思議，因為按照傳統，一向都是男主外，女主內。於是，大家紛紛指責那個女人過於自私，只考慮自己，不顧家庭，沒有一點犧牲精神，不是一個好妻子，更不是一個好媽媽。

她和羅子君不同，她並沒有在乎其他人的意見，而是堅持做自己。她與老公經過良好的溝通，最終確定她主外、老公主內的方案。結婚五年了，兩人一直很恩愛，鄰里關係處理得也非常不錯。面對人家的吐槽，她如是說：如果當初自己為了家庭而選擇犧牲自己、放棄自己的理想，委曲求全地去做一個家庭主婦，她不但會變得毫無生氣，還會怨氣連連，她老公也會跟著過得不開心，整個家庭就會整天烏雲密布，衝突不斷。

所謂的犧牲，其實是為了有所得

有人說她只考慮自己，是自私的表現。何謂自私？百度百科給出的定義是：**基於個人利益和需求做出的行為及反應**。表面上看起來，羅子君為家庭做出了犧牲，她不自私；而那位不甘於犧牲自己做家庭主婦的妻子，沒有考慮他人、只想著自己，就是自私的。真的是這樣嗎？大家有沒有想過，其實犧牲自己也是一種自私呢？

很多時候，人們總是習慣將自己放在十字架上，做出犧牲，還美其名曰：「我是為了你。」其實，**「我是為了你」的潛台詞是——我為你犧牲了自己的一切，可你卻沒有給我完全的回報。**這種犧牲讓付出者站在道德的制高點，會覺得自己犧牲了這麼多，理所應當去要求對方給出相應的回報，甚至是雙倍乃至多倍的回報。但這種自以為是的犧牲，不但不會讓對方感到快樂，往往還會成為對方生命中不可承受之重，壓得對方喘不過氣來。

就像《我的前半生》中的羅子君，脫離社會的她，和老公幾乎沒有共同話題，連兒子說的「角膜」都弄不清是什麼[9]，生活過得一點也不快樂。她的不快樂會潛移默化地影響她身邊的人，壓力、隔閡、不理解，以及伴隨著自我犧牲而滋生的憤怒、壓抑和委屈，都變成了對方難以承受的負擔。

美國家庭治療大師薩提爾女士將人的內在比喻成一座漂浮在水面上的巨大冰山，我們在海面上看到的那座冰山，只是露在水面的很小一部分，還有更大的山體掩藏於水底，是無法用肉眼看到的。同樣地，我們看一個人，也只能粗淺地看到他表面的行為。至於是什麼導致這樣的行為，並不是每個人都瞭解的，所以才有了「知人知面不知心」這一說。如果你願意花點時間去學習心理學的話，你會發現，行為下面有很多我們可以洞察的規律，這樣你就可以做到「知人知面又知心」了。

根據冰山理論，每一個行為背後，都有一個需求或期待。那「犧牲」這種行為背後的需

求是什麼呢？**犧牲其實是為了有所得。犧牲自己的人，他們總是想著透過「犧牲自己」這種行為，來達到某種個人的目的。**

比如羅子君，她會認為：我都為你犧牲了自己的工作，所以你應該更愛我。她透過自己的犧牲，想讓對方內疚，從而得到對方更多的愛，以滿足自己的要求。犧牲，只不過是她打著愛的旗號來索取的一種手段而已。這不正是基於個人利益和需求做出的行為及反應嗎？這何嘗不是一種自私呢？

犧牲式的付出，換不來更多的愛

我們再來看看那些所謂的「自私」行為。我經常被人說成是「鐵公雞」，因為我一向拒絕那些冠冕堂皇的募捐。比如前段時間，最新一期心理學導師班畢業的同學要舉辦一場大型演講會，班級幹部向我募捐場地費，我當場拒絕了。「我拒絕」這個行為背後表達的意思是什麼呢？我認為，導師除了把課講好之外，也要學會推銷。

如果你認為自己講的內容是沒價值的，你就不要舉辦演講叫人來聽，因為會誤人子弟；如

[9] 編註：《我的前半生》裡，這段劇情演的是羅子君聽到兒子問：「角膜是什麼呀？」便回答：「腳膜就是腳上敷的膜呀！」

果你相信自己講的內容是有價值的，你就要敢於自我推銷。一個班八十多人，每人隨便賣幾張票，好幾百張票就賣出去了，這樣不光場地費解決了，還能略有盈利。所以，我的需求是希望他們突破對於自我推銷的恐懼，成為一名卓越的心理學導師，這也是我作為一名導師培養者的責任和義務。

如果我幫他們解決了場地費用，就等於縱容了他們對自我推銷的恐懼，讓他們一直停留在舒適空間裡止步不前，這反而是害了他們。在看似自私、無情的鞭策下，我們培養出來的導師不光可以輕易解決場地費的問題，銷售功力也因此大增。

像羅子君那樣犧牲自己、委屈自己、壓抑自己，何嘗不等於自拔羽毛？時日一久，無止境的犧牲衍生的就是傷痛、不公、無法控制的憤怒、壓抑的委屈以及無形的索取。這樣的自己，何嘗不自私？又怎麼可能為家庭做出積極貢獻？犧牲掉自己的自由、獨立和幸福，卻沒換來老公更多的愛和等價的回報。整天疑神疑鬼，一副怨婦、受害者形象的你，試問又有哪個男人會喜歡？犧牲式的付出，不會給任何人帶來幸福。

少一點自我犧牲，多一點平等付出，保護好自己的羽毛，做最真實的自己，無論是經濟還是精神世界，學會獨立，充分發揮自己的強項，建立自己的價值，不再委曲求全——這樣你才有能力為家庭、團隊做出自己的貢獻！**如果你有需求，最簡單的方法是勇於面對自己的需求，並開誠布公地向對方表達你的需求，而不是透過犧牲自己來強迫別人滿足。**只要雙方能夠坦誠相待，充分發揮各自的優勢，我相信，各自的需求也一定能夠得到更大的滿足。只有雙方都能得到舒展的婚姻，才會幸福和長久！

別錯把需求當成愛

內在匱乏的人，是很難去付出愛的

「夜已深，還有什麼人，讓你這樣醒著數傷痕……女人獨有的天真和溫柔的天分，要留給真愛你的人……愛有多銷魂，就有多傷人……」李宗盛的這首歌，把愛情留給人的傷與痛，寫得非常真實與到位。其實，我遇過的個案中，那些愛的傷痕，比李宗盛寫的還要血淋淋。

有位女學員找我諮商。她向我訴說家暴的苦，她老公對她的態度非常差，經常動不動就打她。她想離婚，可是孩子還小，她不想讓孩子受到傷害，婚姻就一直這樣痛苦地維持著。

這位女學員為什麼會嫁給一個暴力男呢？隨著治療的深入，我用催眠的手法把她帶回了童年，她哭訴的對象開始由丈夫變成了父親。原來，她有一位暴力的父親，她小的時候最不能忍受的事情，就是父親經常打母親。當時，她身為一個弱小孩童，根本無能為力，但心中種下了對父親恨之入骨的「種子」。

案例講到這裡，也許讀者開始糊塗了。為什麼童年的她那麼恨暴力，長大後卻嫁給了一個跟父親一樣的人呢？這就是錯把需求當成愛的結果。

什麼叫「錯把需求當成愛」呢？要回答這個問題，我們首先來看看什麼是需求。需求分為兩個部分：第一個部分，叫作「需要」，英文是「need」；第二部分叫作「想要」，英文是「want」。比如，講課講了近一個小時的我感到口渴，需要一杯水解渴，在這裡，水就是我的需要。

可是，當我口渴時，腦海裡冒出的並不是水，而是茶、果汁或其他的東西，那這就叫作「想要」。想要，是因為我們大腦在成長過程中，受到文化、廣告、老師或者是朋友價值觀的影響，而形成的固化的需求。

那什麼是愛呢？**所謂愛，就是當我口渴了，喝了一杯水之後不再口渴，但我開始覺察到身邊的你也許有跟我一樣的需要，於是，我由內而外地生起慈悲心，心甘情願地為你倒一杯水，送到你的面前，這叫作愛。**所謂「仁者愛人」，當一個人能推己及人，覺察到他人的需求，並願意為他人做些力所能及的事情時，我們就會說，這個人充滿了愛。

而反之，當一個人內心缺失時，他只會不斷向身邊的人索取，以滿足他內在的缺失。我們會把這樣的人稱為匱乏之人。一個匱乏的人，是很難去付出愛的，他只會帶著他的需求，到處去尋找那些能夠滿足他需求的人，**一旦遇到能夠暫時滿足他需求的人，他就會錯誤地認為他遇到了真愛，這就是錯把需求當成愛。**

錯把需求當成愛，付出的代價是一輩子

錯把需求當成愛的代價是很大的。我們再回去看看那位女學員，小時候深受暴力傷害的她，為什麼長大後又選擇了一位暴力的丈夫呢？有人把這種現象歸咎於命運。如果這是命運的話，那她的命運就可以用「愛與需求」來解釋——她並不是因為愛而結婚，她的婚姻只是滿足了自己的需求而已。

為什麼這樣說呢？因為我把她帶回童年後發現，她當時很想改變爸爸，可她還是個孩子，面對強大的爸爸，她無能為力，只好把這種想法埋在心底，變成一個未了的期待（需求）。長大後，她的潛意識會引導她選擇一個有暴力傾向的男人，去改變他，以完成她當年的未了心願。就像一個口渴了想喝可樂的人一樣，在他的心目中，只有可樂能滿足他的需求。

當我們飢餓時，我們會到處找東西吃。其實，我們的精神、心靈也一樣。身體不斷成長，就需要營養物質的持續補給。同樣地，心靈的成長也需要精神的養分來滋養，這些精神的養分叫作心理養分，比如愛、肯定、欣賞、接納等。可是，有些人從小就在缺愛、感受不到家庭溫暖的環境中長大，他的心理養分從小就缺失，長大後就成了一個內心匱乏的人，不斷地帶著需求去找尋愛——結果就是，錯把需求當成愛，用一輩子去付出代價。

婚姻的成功和幸福，一定是從你開始的

有人說：「**你現在流的淚，是你當年腦子進的水。**」這句話充分說明了，在愛情和婚姻裡，「選擇」多麼重要！錯誤的選擇帶給你的災難，不僅需要你來承受，還會直接影響你家族的歷史，因為，你在愛情和婚姻裡的所有錯，都會讓你的孩子來為你承擔。

幸福的愛情和婚姻影響的不僅是你一個人的人生，更多的是一個家庭的未來。男怕入錯行，女怕嫁錯郎。對女人來說，選擇一個好的伴侶，決定了她一生的幸福。對男人來說，也是如此。有一句話是這樣說的：一個媽媽的素質決定了三代人的命運，所以，對男人來說，娶到一個好老婆，也是人生中非常幸運和幸福的事。

如果你還沒結婚，那你是幸運的。因為你能夠在結婚之前，看清楚你未來愛情的一些規律；對於已婚的朋友，一切也不晚，只要你願意去學習這些愛情中的祕密和規律，也許今天就是你幸福的起點。

這個起點就是：先從療癒自己開始。一個內在匱乏的人，是無法去愛的。同樣地，一個內在匱乏的人，也是無法找到一個內在充滿愛的人的，因為，人因相同而連結。**所謂「療癒」，就是從覺察自己開始。**對於只有一把錘子的人來說，他遇見的每樣東西看起來都像一根釘子。如果我們只期待另一方的改變、期待遇到一個更好的人，自己卻止步不前，不去改變、不去成長、不去讓自己變得更好，你會發現，你找到的那個所謂更好的人，只不過是一根釘子而已，最多是一根包裝華麗的釘子。

婚姻的成功和幸福，一定是從你開始的。**如果你想要遇到一個更好的人，先從準備一個更好的自己開始。**從這一刻開始，讓自己變得更好，學會承擔與成長，提升自己愛與被愛的能力，好好地愛自己，有智慧地愛他人。如果你真的準備了一個更好的自己，我相信你一定會遇到一個更好的他。就算你今天已經結婚了，如果你自己變得越來越優秀，越來越美好，我相信，你的另一半也會在你的影響下，變得越來越好。

千萬別再把需求當成愛了，就算他能滿足你一時，也無法滿足你一世。只有當你充滿愛時，你才能遇到另一個充滿愛的人。好好地愛自己吧，讓自己充滿愛，才是家庭幸福的起點。

今天我明白了，這叫作「單純」。

當我真正開始愛自己，
我開始遠離一切不健康的東西。
不論是飲食和人物，還是事情和環境，
我遠離一切讓我遠離本真的東西。
從前我把這叫作「追求健康的自私自利」，
但今天我明白了，這是「自愛」。

當我真正開始愛自己，
我不再總想著要永遠正確，不犯錯誤。
我今天明白了，這叫作「謙遜」。
當我真正開始愛自己，
我不再繼續沉溺於過去，
也不再為明天而憂慮，
現在我只活在一切正在發生的當下，
今天，我活在此時此地，
如此日復一日。這就叫「完美」。

當我真正開始愛自己，
我明白，我的思慮讓我變得貧乏和病態，
但當我喚起了心靈的力量，
理智就變成了一個重要的夥伴，
這種組合我稱之為，「心的智慧」。
我們無須再害怕自己和他人的分歧、矛盾和問題，
因為即使星星有時也會碰在一起，
形成新的世界，今天我明白，這就是「生命」。

——**卓別林**（Charles Chaplin），〈當我真正開始愛自己〉（When I Started Loving Myself）

第五章 八項自覺，學會接納不完美——遇見更好的自己

當我真正開始愛自己，
我才認識到，所有的痛苦和情感的折磨，
都只是提醒我：活著，不要違背自己的本心。
今天我明白了，這叫作「真實」。

當我真正開始愛自己，
我才懂得，把自己的願望強加於人，
是多麼的無禮，就算我知道，時機並不成熟，
那人也還沒有做好準備，
就算那個人就是我自己。
今天我明白了，這叫作「尊重」。

當我真正開始愛自己，
我不再渴求不同的人生，
我知道任何發生在我身邊的事情，
都是對我成長的邀請。
如今，我稱之為「成熟」。

當我真正開始愛自己，
我才明白，我其實一直都在正確的時間、正確的地方，
發生的一切都恰如其分。
由此我得以平靜。
今天我明白了，這叫作「自信」。

當我真正開始愛自己，
我不再犧牲自己的自由時間，
不再去勾畫什麼宏偉的明天。
今天我只做有趣和快樂的事，
做自己熱愛，讓心歡喜的事，
用我的方式、我的韻律。

你知道你在騙自己嗎？

這個世界上，有的人始終活在幻覺中

有人說「你無法叫醒一個裝睡的人」，不知我能否喚醒那些以賣弄、做作獲取虛榮心和自我滿足的人呢？

我想叫醒的這位仁兄叫周畢，是我認識的心理學導師裡，天賦極高的一位。導師班我們已經辦了五期，從導師班畢業並活躍在培訓界的導師至少有三百多位，但像周畢這樣有才華的就只有一個——不單人長得帥，而且能歌善舞，還彈得一手好吉他，加上他那天生的好嗓音，這樣的天賦在娛樂圈發展都綽綽有餘，更別說做一名心理學導師了。

但關於他的消息總是分裂的。從他的朋友圈看，滿滿的幸福與成就，不是在千人的會場演

講，就是被粉絲簇擁著要簽名。每次和我見面或是通電話，也都是好消息不斷，不是跟某跨國集團簽約，就是又創立了新的商業模式。有一次，他跟我說，像我這樣做培訓太笨了，太累也賺不了幾個錢，他整合培訓及其他產業成立的集團公司已經在美國上市，問我要不要入點股。而與此同時，剛剛與他分開的老搭檔卻告訴我，他不務正業，公司已經好幾個月發不出工資了……

前段時間，他打電話跟我說，他又開創了一種新的培訓模式，網上會員已近百萬人，邀請我去做一場千人的課程，幫我創造一個培訓人數的新紀錄，我信以為真，安排好時間坐等那輝煌一刻的到來。可隨著時間的臨近，他老婆卻告訴我，他的公司陷入了困境，他對我所說的輝煌，全是編出來的，而且我的課程因招生不足而取消。

不是已經有近百萬收費會員了嗎？怎麼又會陷入困境呢？我忍不住打了個電話給周畢。果然，從他那裡我聽到的永遠是好消息，他依然豪氣萬丈地跟我說，課程取消並不是因為招生不足，而是他最近實在太忙，分不開身，讓我再給他點時間，他一定會為我創一個歷史紀錄……可是，我認識他已經七年了，天賦遠不如他的同行都已經成為心理教育界的名師了，只有他，還活在他的幻覺中。

周畢的故事，大家是不是感覺似曾相識呢？你身邊是不是也有不少像周畢這樣的人？在你面前總是光鮮亮麗，像個成功人士，他們看不起你正在做的小事。在他們面前，就算你的自我價值感還算高，也免不了會有幾分自卑，因為他跟你說的都是讓你望塵莫及的大事。可是，隨著時間的推移，你會發現，做小事的你一直在進步，而滿口大事的他們卻依然跟十年前一樣，豪氣萬丈地跟你說著他們那偉大的事業，只是事業的名稱換了一個又一個跟時代相符的標籤。

而你不知道的，或許還有他那不斷增加的債務。

任何一種行為都會消耗能量

為什麼有些天賦極高的天之驕子，在事業上卻比不過一個天賦平平的普通人？

這要從「說謊」這種人類的天性說起。說謊是人類的本能，是從動物的偽裝本能發展而來。為了生存，遠古的人類在森林裡生活時，必須把自己偽裝起來，以躲避凶猛野獸的襲擊。當人類發展出了語言後，偽裝的形式就從身體動作進化到了語言——透過語言來偽裝自己，也就是「說謊」。說謊本身沒有錯，因為它是人類求生存而發展出來的一種功能，這種功能在危險的時刻可以救人一命。可是，如果我們濫用這種求生本能的話，那就有危險了。

心理學理論顯示，行為必須放在環境條件下才有意義，同一個行為，在不同的環境條件中會有完全不同的意義。以偽裝這種行為為例，在求生存狀態下，偽裝是一種救命的行為。可是，在和平年代，時時刻刻偽裝自己是要付出代價的，你可能會在錯誤的道路上耗盡能量，要麼一事無成，要麼疲於奔命。

為什麼會這樣呢？道理很簡單，任何一種行為都會消耗能量，但一般行為會結束，當行為結束時，能量就會得到及時的回補。比如跑步，它會消耗大量的能量，但人總不會一直處於奔跑的狀態吧，就算你是職業跑手，也有休息的時候。可是說謊這種行為，它會讓你永遠無法休息。我們知道，一個謊言需要用數個謊言來掩飾，而數個謊言又需要更多的謊言來掩飾……如

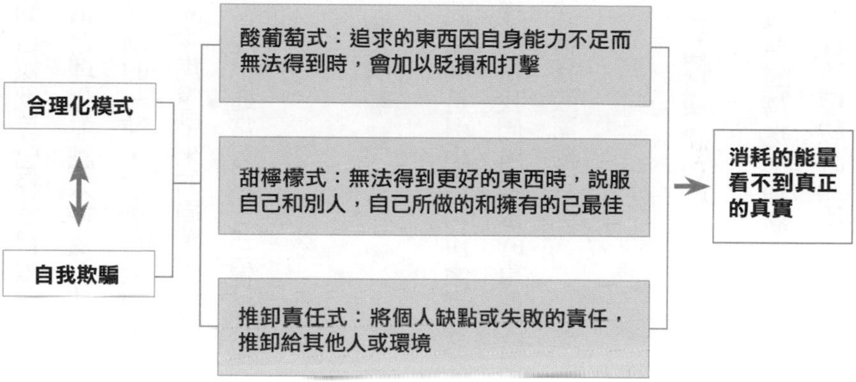
合理化模式
自我欺騙
酸葡萄式：追求的東西因自身能力不足而無法得到時，會加以貶損和打擊
甜檸檬式：無法得到更好的東西時，說服自己和別人，自己所做的和擁有的已最佳
推卸責任式：將個人缺點或失敗的責任，推卸給其他人或環境
消耗的能量
看不到真正
的真實

【圖八】

此一來，謊言永無終點。雖然看起來說謊並不費力，可謊言一個接一個地運作時，請問你有多少精力禁得起它無止境地消耗？

不管騙誰，都不要騙自己

那如何才能做到不說謊，或者盡量少說謊呢？我們先來看看說謊這種行為背後的原理。說謊有兩種：一種是對別人說謊，一種是對自己說謊。對於前者，不難處理，因為他自己知道自己在說謊，只要保持覺察就夠了。當你覺察到說謊是一種消耗能量的行為時，你聰明的大腦自然會停止說謊。沒有人會笨到明知某種行為會傷害自己，還繼續為之的。

比較麻煩的是騙自己，**當一個人在騙自己的時候，他並不知道自己在說謊。這種不容易覺察的說謊叫作「合理化」**。心理學研究發現，大多數時候，人們在潛意識裡覺得自己的行為都是正確的。當人們一旦認定了某件事，或設定了某個目標後，可能環境已經發生了巨大的改變，原來的目標就算已經變得很荒唐，但為了證明自己是對的，他總會找某些理由來為自己開脫，把事情合理化並讓人接受，使自己心理上得到安慰，而看不到真正的事實。「合理化」是心理防衛機制的一種，在無意識中，人們會蒐集證據為自己的行為做合理的解釋，以掩飾自己的過失，減少焦慮帶來的痛苦，維護自尊免受傷害。

合理化通常有以下三種模式（參見上頁圖八）：

一、酸葡萄式

此機制是引申自《伊索寓言》裡的一則故事，對狐狸來說，吃不到的葡萄都是酸的。人類也一樣，當我們所追求的東西因自身能力不足而無法得到時，就會加以貶損和打擊，這種合理化模式稱為酸葡萄式。

二、甜檸檬式

狐狸因為吃不到葡萄，走到檸檬樹旁，肚子餓了，就摘下檸檬充飢，邊吃邊說檸檬是甜的，其實檸檬酸澀無比。有時人們也會像這隻狐狸一樣，當我們無法得到更好的東西時，就會發展出另一種防衛機制，企圖說服自己和別人，自己所做的或擁有的已是最佳的選擇，努力去

強調事情美好的一面，以減少內心的失望和痛苦，這種防衛機制會妨礙我們追求生活的進步。

三、推卸責任式

這種防衛機制是指，將個人的缺點或失敗的責任推給其他人或環境，從而讓自己的心靈保持平靜。

以上三種合理化模式其實都是在說謊，只是這類說謊並不是欺騙別人，而是在欺騙自己。**欺騙別人容易覺察和改變，欺騙自己隱藏得更深，對自己的傷害更大，所以不管騙誰，都不要騙自己！**

不管是欺騙別人還是欺騙自己，都會消耗你的能量。只有當我們清楚地認知到說謊的行為，並且坦然地承認它，這種消耗你生命能量的偽裝行為才會停止。從當下這一刻開始，不再為說謊而耗費精力，你就可以把寶貴的心力用在自己感興趣的事情上。就算你像我一樣資質平平，也一定能成就一番事業，更不用說像周畢這樣的才子了。

我不喜歡與人相處，這正常嗎？

每種需求背後，都有一個口袋等著被填滿

在大學校園的演講活動中，我經常被大學生問到這樣一個問題：

我不喜歡與人相處，這正常嗎？

在回答這個問題前，我都會先跟他們聊一聊「一個人」這種狀態。**「一個人」待著，其實包含了兩種情緒狀態：一種是感覺孤獨，另外一種是享受獨自一人。所以，「我不喜歡與人相**

處」有兩種可能——孤獨或者單獨。

宗薩蔣揚欽哲仁波切在他的《正見》一書中，提出了一個非常有意思的假設。我們很多時候不太願意跟別人相處，是因為別人總會給我們帶來一些限制，跟他相處就意謂著會失去部分自由。於是作者便問：**假如整個地球只有你一個人孤零零地存在，你真的享受嗎？你是享受自由，還是感到孤獨呢？**

那些真正得道的人，可能會選擇享受絕對的自由。比如唐朝的寒山和尚，他在天台翠屏山一住就是五、六十年，有十多年，別人甚至都找不到他的蹤跡。

而我，寧願犧牲絕對的自由。我想大部分人也跟我一樣，希望有人陪伴著度過每一個繁花開滿人間的春天、無邊落木蕭蕭下的秋天。

然而，**陪伴就意謂著放棄部分自由，即使是無比相愛的兩個人，因為每一種需求背後，都有一個口袋等著被填滿；也就是說，每當你滿足一種需求，你就要放棄某些「自由」。**

比如，想要親子關係融洽，熱愛韓劇的媽媽必須遷就三歲的女兒，陪她一起看《粉紅豬小妹》；想要和諧的夫妻關係，就不能在婚姻裡出軌；想要考試成績好，就要放棄自由打遊戲的時間；想要身體健康，就不能酗酒、熬夜……

金錢、物質、權力、美貌、健康、生存等，每種需求，都會需要你以失去自己的部分自由為代價。人際關係也一樣。你獨自一個人時，想不穿衣就不穿衣，但如果在人群當中，你就要衣著整齊。只要你跟其他人在一起，就必須遵守基本的道德和法律、法規，就必須遵循大家約定俗成的規範，這叫文明。

你是單獨的？還是孤獨的？

在人際關係裡面，我們的自由總會受到部分限制。可是當我們逃離人際關係的時候，卻備感孤獨。為什麼我們不能享受一個人的狀態？為什麼我們寧願犧牲自己的自由，也需要他人來陪伴呢？為什麼我們會產生孤獨感？

什麼是孤獨？「孤獨」，是一個人感覺與他人或社會隔離、疏遠的主觀感覺或體驗。這裡有兩個關鍵詞：「主觀」和「隔離」。對此，我有特別的體會。我出生在農村，父母以土地為生，都要下田務農。他們把年幼的我放在一個孤寡老人家裡，所以，我一直認為自己的童年很孤獨。

有一次，我請老師幫我就「孤獨」這個主題做諮商。他把我帶入催眠的狀態，帶我回到童年的影像裡。在那裡，我看到一個畫面：一個小男孩獨自一人在大樹下玩耍，身邊沒有任何人的陪伴。那是小時候的我。

「看著那個小男孩，你有什麼感覺？」老師問。

我心裡彌漫起濃濃的孤獨感，就好像掉進一口黑漆漆的枯井，與世界上的一切都斷了聯繫——我覺得自己被父母拋棄了，被整個世界屏棄了。

「孤獨，他真是太孤獨了。」我說。

「真的嗎？你看仔細一點，他在幹麼？」

還處在催眠狀態中的我聽從老師的提示，走近那個小孩。我看見了，他正全神貫注地看著

一群螞蟻搬食，微風輕輕拂動他額前的頭髮。

那一瞬間，我突然意識到，小男孩非常享受他和螞蟻的遊戲。我所認為的孤獨，不過是我的一種評判、一種主觀認知。其實，畫面中的我只是一個人待著而已，他很享受那一刻的狀態，他並不孤獨。這種狀態換一種說法，也可以稱為「單獨」。

「單獨」當然也是主觀的，是一個人的主觀選擇——就算獨自一個人，我也能感覺到與這個世界的連結。這是一種敞開的、享受的狀態。

在金庸的小說《神鵰俠侶》中，楊過等待絕情谷底的小龍女十六年，一個錚錚鐵骨的人，想到小龍女就滿腹柔情。他獨自待著，但並不孤獨。

這就是**單獨跟孤獨的不同——是否與這個世界連結**。

一個單獨的人，他的世界不是封閉的，與他人是有連結的。**即使他獨自一人生活，他也知道有人始終在某個地方默默支持他、關心他、愛他，儘管那個人不在身邊。他的心是被滋養的，暖意融融，並不會感到孤獨。**

而一個孤獨的人，就算身處人潮洶湧的繁華街頭，就算身邊人聲鼎沸，他的心依舊是孤獨的，因為**他的內心無人過問，沒人讀懂過他的脆弱，沒人在意過他的意願，沒人關心他是否真的快樂，他感覺不到與他人的連結。**

完完全全地接納自己，才懂得欣賞自己

為什麼有的人能夠與他人建立很好的連結，有的人卻是千山暮雪、隻影獨行？人與人產生連結的關鍵是什麼？

一個人能夠與他人連結，是因為他能夠與自己連結。孩子為什麼能與一隻螞蟻玩得忘我？因為他能夠跟自己有很好的連結。所謂與自己的連結，其實就是一個人欣賞自己、喜歡自己、完完全全地接納自己。

一個無法與他人連結的人，根本原因在於他無法與自己連結。他總是無法接受不完美的自己，太喜歡批評自己了：「你怎麼能這樣？」「你怎麼能不開心呢？」「這麼多人跟你一起玩，你怎麼能孤獨呢？」「你怎麼連這點事都做不好呢？」……

一個喜歡自我批評的人，同樣會習慣於批評別人，這樣的他，當然無法與別人建立連結。而一個自我價值高的人，他會發自內心地欣賞自己、肯定自己、認同自己、喜歡自己。他與自己有一個很好的連結，也會跟他人建立好的連結。在熙熙攘攘的人群中，他能全心投入，與他人共舞，感受與人相識、相交的樂趣；獨自一個人時，他依然保有這份連結，心靈大門敞開，悅納當下的一切，享受這種心靈相通的滿足與充實。他單獨，但不孤獨。

如果你獨處時，並不享受當下的狀態，那意謂著你是孤獨的。

如果你不願意與他人相處，卻又感到孤獨，可以試試如下方法：

一、變被動為主動

孤獨是一種主觀的感受。當你感到孤獨時，其實你的孤獨是被動的，是「不得不」。這個時候，你可以**告訴自己：「我是主動選擇獨處的，我有選擇權。」**這個暗示和提醒，就能夠幫你拿回你人生的選擇權和主動權。

這是非常重要的一步。著名非暴力溝通專家馬歇爾・盧森堡博士（Marshall B. Rosenberg, Ph.D.）在他的《非暴力溝通》一書中，曾經提到過用「我選擇」替換「不得不」的練習，他認為這個練習讓自己重獲人生的掌控感。

二、多肯定自己

當你感覺孤獨時，其實就表示你無法與自己很好地相處，無法與自己建立良好的連結。試著想像一下：面前有兩個你，一個是不斷評判自己的你，一個是被迫接受評判的你。這兩個人總在打架，你又怎麼能夠跟自己很好地相處呢？所以，提升自我價值，就從肯定自己、欣賞自己開始。

當你開始懂得自我欣賞時，那你的自我價值感會越來越高，你自然能夠享受一個人獨處的狀態。

獨處的時候，你不妨**問問自己：我是「選擇單獨」？還是「被動地孤獨」？**當你能夠看見這兩者的不同，自然就會有意識地肯定自己、欣賞自己，你自然會做出正確的選擇。

三、保持覺察

回到前面的那個問題：不喜歡與人相處，這正常嗎？

我的回答是：單獨一個人，這種狀態沒有問題。重要的是，你是主動選擇還是被動承受。如果這是你的主動選擇，自然是正常的；如果你是被動地切斷與他人的聯繫，那可能是你心裡存在需要療癒的創傷。我們需要去療癒它，讓自己既可以享受獨處時的寧靜，又可以與他人建立融洽的連結。當你能夠與他人建立好的連結，自然能夠享受一個人獨處的時光，這是一個人正常的、健康的心理狀態。

當然，還有另外一種孤獨，就是當一個人的層次遠高於身邊人，無法找到層次相當的人交流時，這樣也是無法與他人連結的。李白說的「古來聖賢皆寂寞」、金庸小說中的獨孤求敗，都屬於這一類孤獨。如果你的孤獨屬於這一類，那請你好好善用這種孤獨，因為人類的進步需要你孤獨地引領。

不吃回頭草的馬，真的是好馬嗎？

誰為我們設下了「不能回頭」的條件？

有一次跟一位朋友吃飯，他藉著幾分酒意，對現在的工作發了一大頓牢騷，感嘆說還是懷念以前的某份工作以及那時的團隊。我問他：既然原來的公司比現在的好，為什麼不回去呢？他嘆了一口氣說：「好馬不吃回頭草啊！」

這讓我想起了一個哲學難題，據說古希臘哲學大師蘇格拉底曾用這樣一個體驗活動教育學生：他讓學生去麥田中挑選一株最大的麥穗，規則是只許前進，不准回頭，而且只有一次機會。有些弟子只走幾步就摘下了他們認為的最大的麥穗，但繼續前進時，發現前面有許多比摘到手的那株更大，於是只好遺憾地走完了全程；第二類弟子則相反，他們總是提醒自己，後面還有更好的，快到終點時才發現，機會全錯過了；第三類弟子則精於比較、計算，他們用前面三分之二的路程去判斷最大的麥穗大概有多大，再從剩下的三分之一的路程中選擇跟前面所認定的標準差不多的麥穗。雖說這樣選的不一定最大、最好，但他們至少不會像前面兩種弟子那樣後悔。

這是一個關於「選擇」的哲學難題，之所以會難，是因為蘇格拉底設定了一個「不能回頭」的硬性條件。可是，**生活中的難，又是誰為我們設下了「不能回頭」的條件呢？**

從小，我們就常聽到一句話：「好馬不吃回頭草」，字面意思是說，一匹好馬只吃前面的草，後面的草就算再好，也絕不回頭。我沒養過馬，不知道好馬是否真會如此。但我知道，很多人的確會這樣做，有的人離開一家公司後，即使跳槽後找的工作不如前一家，也絕不會回頭；關係也是一樣，有的人因為一次小衝突，情緒衝動之下離開了自己的愛人，就算以後遇到的每一位都不如前任，也絕不會回頭，原因很簡單——好馬不吃回頭草。

開悟者的特徵之一，就是沒有評判

不吃回頭草的馬，真的是好馬嗎？在回答這個問題之前，我先告訴大家一個真實的案例。在「新物種」心理學大會上，一位學員分享了關於她對我認知的變化。

「其實一開始，我挺討厭團長的。他在培養心理學導師的時候，要求我們一定要用4MAT

結構[10]講課，還用這個結構考核我們，我很反感。我覺得每個人都該有自己的風格，都用一個結構，豈不是泯滅了學員的個性？所以一開始我都在跟團長對抗，當時差點就放棄了他的課程。後來畢業考試時我發現，團長對每一位學員都很用心。按我的理解，反正考完試，課程就結束了，也沒團長什麼事了，何必再傷精費神地為學員做那麼多事呢？但我看到他不放過任何一個可以幫助學員成長、進步的機會，這完全超出以往我對他的認知。後來，等到我成為導師、開始上台講課時，我才發現團長教的那些方法的重要性，才瞭解到為什麼一定要用4MAT結構，因為它能兼顧到不同學員的學習習慣。如果我們只按自己擅長的風格講課，我們會失去四分之三的學員。現在看來心理學的這些方法真的很有用，我差點因為自己的固執而錯過一次很好的成長機會。」

這是一位法學博士的心路歷程，她最初學習心理學時，帶著她那超強大腦，對我乃至心理學都有著非常多的評判。為了讓她放下那份固著，我還真費了不少工夫，不過看到她如今的成長和改變，我覺得非常值得。

一個人對另一個人總會有著各種各樣的評判，這些評價根基於有限的認知基礎，難免會有偏差。一旦有了評價，我們就很難看到真相，從而阻斷了人與人之間的溝通，甚至讓生命固

[10] 作者註：4MAT是由美國教育家麥卡錫（Bernice McCarthy）創立的一種教學模式，讓教學內容和方式符合左、右腦的規律，提升學生的學習效果。

化。所以李爾納・杰克伯森（Leonard Jacobson）說，**開悟者的特徵之一就是沒有評判**。

我暫時還不是開悟者，所以做不到沒有評判。十多年前，我跟國外的一些心理學導師學習時，導師們都非常強調不能有評判，要保持中立的態度，這樣才能做到中立和客觀。這是一件非常困難的事情。要知道，只要你一開口說話，就會傳達一種價值觀；一旦有價值觀，就會有自己的標準；一旦有標準，就會有評判。比如你想給對方一個不帶評價的肯定，「這很好」、「很漂亮」就不可以，因為這就是評判。就連「不能評價」本身，也是一種評判。因此，在結訓考試中，很少有學員能合格，最關鍵的一點，就是在「評判」上。即便我今天已經成為導師，也只能盡量保持中立，暫時無法完全做到沒有評判。

我們從小就被教導對人、對事要持中立、客觀態度，不要帶著自己的主觀評價。但我們是普通人，不是開悟者，很難真正達到「沒有評判」的境界。該怎麼辦呢？

生命是流動的，不要固著於自己的評判

我們先來看一下什麼是評判。

「評判」是一個人用自己的價值觀和標準去評價人或事，是認識世界的方法之一。只要有價值觀、有信念，就會有評判。它其實就是一種信念。對普通人來說，我認為評判沒有問題，因為評判是頭腦的主要功能之一。有了評判，我們才能知道什麼是對的，什麼是不對的；什麼是好的，什麼是不好的。有評判，我們的人生才會有方向。

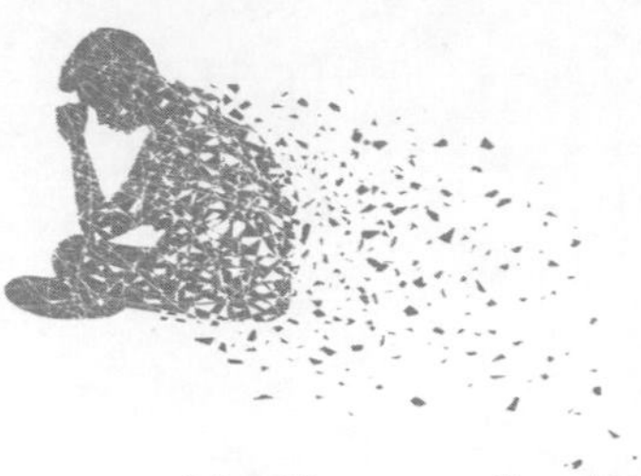

評判是一個人內心想法的投射，它根基於某一刻的認知和當時的價值觀。評判本身沒有問題，但讓評判固化就危險了。固化的評判叫執著，也叫「固著」，顧名思義就是「固化的執著」，我更喜歡這個說法，因為它更具體。評判的底下是信念，而固著的底下是限制性信念。

例如，你與某人有商業上的合作，對方由於某些原因沒有按時付款，於是，你的腦海中開始有了一個評判：「這人不守信用，信不過。」這種想法在當時沒有問題，因為你需要根據對方所做的事來判斷是否值得繼續合作。

但如果你一直堅持認為對方是一個「不守信用的人」，就有問題了，因為事情是不斷變化的，隨著時間的推移，對方會變，你也會變，同時，你的認知範圍會不斷擴大。很多時候，我們的評價僅僅是自己的一個信念、一個基於當時情況的看法，並不是事實。隨著你認知範圍的擴大，你也許會慢慢看到更多事實。如果你還是執著於當年那點有限的認知所做出來的評判，那就等於把自己的生命永遠地停留在當時那一刻。這跟生命在當時就已經死亡，或者某一部分已經死亡有什麼分別？正如富蘭克林所說，有些人二十五歲就已經死了，直到七十五歲才埋葬。

對人的看法一旦固著，在關係上，我們就失去了更多可能性，它會扭曲真相，破壞關係。**按照一個老舊的假設去認識一個活生生的人，你怎麼可能真正認識他呢？**生命是流動的，影響生命的因素實在太多了，用老黃曆去看待新事物，豈不是很可笑？

同時，固著也會讓自己的生命失去流動性，變得僵化無力。例如，有的人堅信「出門是危險的」，所以對大千世界失去了好奇心，把自己幾十年如一日地鎖在一個小城市；有的女性堅信「男人沒一個好東西」，於是對男性抱有敵意，難以敞開心扉去交往，從而讓自己失去了一段美好的姻緣。評判一旦固著，你便認定世界就是你所堅信的樣子，而對它徹底地失去好奇與希望。

不吃回頭草的馬，充其量是匹笨馬

固著的評判會固化我們的人生，限制人生的可能性。既然固著的代價如此之大，我們該怎麼因應呢？

首先，不要嘗試與「固著」對抗。對抗固著本身就是一種固著，就像你因焦慮而焦慮，只會讓你更加焦慮。

面對「固著」，最好的方法就是提升自己的覺察能力。當你能夠意識到自己的固著時，固著就放下了，因為覺察會帶給你更多選擇，有了選擇，你就自由了。提升覺察力的方法有很多，當你執著於某一個固定的想法時，不妨問問自己如下問題：

一、產生這種觀點是什麼時候的事？過去了這麼長的時間，他變了嗎？我變了嗎？當你用這些問題拉寬時間的框架，你會發現，事情未必是你原來所認為的那樣。

二、我是這樣想的，對方是怎麼想的？其他人又是怎麼想的呢？智慧來源於多角度視野，當你能夠從不同的角度看待問題時，你會發現你的世界正在慢慢變大。

三、我僅僅看到對方的行為，憑什麼推斷他是什麼樣的人呢？當你可以把一個人的「行

為」與他的「身分」區分開來，只對行為做評判，而不針對身分做評價時，你會發現你身邊的人開始鮮活起來，他們不再是你所認為的樣子，也許他們會給你帶來意想不到的驚喜。

當我們有評判時，應清醒地覺察到，這僅僅是此刻自己基於有限認知所做出來的判斷，它並非事實。只有放下固著，讓評判「流動」起來，我們才能聆聽到對方真實的聲音，就對方的觀點做出回應；雙方才能開始良性的溝通，建立良好的關係。

「好馬不吃回頭草」其實就是一種固著。身後的草不夠好，當然可以不回頭吃，但如果後面的草已經重新長了出來，而且比前面長得更好，為什麼不回頭吃呢？放著更嫩、更香的草都不回頭吃，這算什麼好馬？充其量只是一匹笨馬。

放下固著，最好的方法就是去覺察它、經歷它、接納它。正如你不能去對抗冬天的如期而至一樣，寒冬來臨，最好的辦法是去接納、去經歷、去享受，畢竟春有百花冬有雪，夏有涼風秋有月。冬天過後，春天也不遠了。

萬事萬物都在變化之中，這當然包括我們自己。蘇格拉底的難題是因為有了「不能回頭」這個設限，才顯得那麼難。**人生有些事情確實不可以回頭，但有很多事情是我們不允許自己回頭，這些不允許就是一種固著。**如果你依然繼續帶著許多的「固著」去看待這個世界，就是給自己的生命設難題，這樣的結果一定會讓自己陷入無法自拔的深淵。

人生本就艱難，何苦再自己為難自己呢？

真正丟人的是，你一直試圖逃避

你是不是全能型自戀的人？

你的身邊一定有不少這樣的人：得知有人一年讀一百多本書，心生嚮往，決定從明天就開始讀書計劃，結果書單還沒蒐集完就失去了耐心；聽到有人說一口流利的英語，兩眼放光，結果英語書買了一堆、原文電影下載了無數，最後送人的送人，硬碟放壞也沒有打開；看到有人半年減肥五十公斤，唏噓感慨，盯著那些誘人的腹肌、人魚線，決定重拾擱置已久的健身計劃，結果咬緊牙關買的跑步機，最後還是落滿了灰。

學過幾天心理學的人呢，倒為自己的故步自封找了個絕好的藉口——我接納現在的自己。

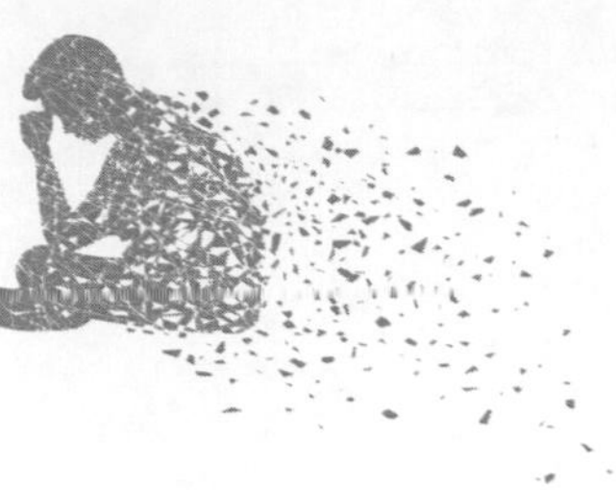

無論理由多麼的冠冕堂皇，但他自己知道，那只不過是對自己無能的自我安慰。

可是總有另一些人，不管他們起點如何，但一段時間不見，你彷彿不認識他一樣，因為他的種種蛻變讓你刮目相看。他們是怎麼做到的呢？我認識的一位美女，她的故事堪稱典範。

前段時間，我在一個課程中認識了一個女孩，不但人長得非常漂亮，而且擁有模特兒般的魔鬼身材，近一百人的課堂上，她特別引人注目。通常這樣的女孩都是班上的焦點，總會被一群男士圍繞，像我這樣不愛熱鬧的性格，本該與這樣的美女無緣才對，可偏偏有一天吃飯時，她坐在我旁邊，就這樣，我又多了 位美女朋友。

從聊天中得知她叫小莉，是著名微信公眾號「小莉說」的創辦人。她幾乎活成了很多女性想要成為的樣子，不光事業有成、家庭幸福，更難得的是，一位「婚也結了、娃也生了」的女性，還能保持如此完美的身材，這該是多少女人夢寐以求的事情啊！

更讓我驚訝的是，從她的文章中，我看到了她以前的圖片，原來完美的身材並不是天生，她曾經也是一位胖乎乎的胖妞！我問她是怎麼做到的，她說健身啊，每天堅持健身就可以了。我問她如何能夠堅持。她輕描淡寫地說：「興趣吧。」

說得多輕巧！我也有健身的習慣，我知道堅持健身是一件多麼不容易的事情。先不說健身教練會把你虐得像個苦力，也不說健身需要花掉一大筆錢，在這個快節奏的世界，能堅持每天抽出一、兩個小時泡在健身房裡，就已經十分不易了。以我 個職業心理從業者的敏感，我斷定，小莉輕描淡寫的幾句話背後， 定有故事！我決定把這個故事挖出來，因為她的故事可以改寫不少女人後半生的命運。

「有興趣的人那麼多，是什麼力量讓你堅持下來的呢？」我繼續問她。

她陷入了沉思，沒有立即回答我這個問題。後來，她專門寫了一篇文章來回答我，她把這份力量歸為心理師作家武志紅老師發明的一個名詞，叫「全能型自戀」。

什麼是「全能型自戀」呢？武志紅老師認為，每個人在嬰兒時期都會覺得「世界該如我所願」。嬰兒覺得：「我是無所不能的，我一動念頭，和我完全渾然一體的世界（媽媽或其他養育者）就會按照我的意願來運轉。餓了就要馬上吃奶，孤獨了就要馬上有人抱我。」

如果光有這一部分，那麼全能自戀也沒什麼，只不過是一種妄想罷了。但是，全能自戀同時會伴隨著可怕的無助感、暴怒與被迫害妄想等。當全能自戀受挫的那一刻，你會體驗到自我和整個世界都破碎了，隨即陷入似乎無力動彈的無助感中。這種無助感，你一點都不想體會，於是立即變得暴怒，轉而攻擊那個破壞你的全能自戀的人或物。最好是，弄死那個破壞自己全能自戀的人，這樣就可以證明，自己對這個人依舊可以為所欲為。

從武志紅老師的理論中，我們可以看到，全能型自戀會讓人走向偏執、分裂、抑鬱，甚至自殘的末路，但為什麼小莉卻可以因為全能型自戀變成今天的樣子呢？

全能型自戀的人大多是因為在嬰兒時期，自我的欲望沒有得到父母的充分滿足，因為得不到，所以長大後才需要在外界不斷索取，試圖掌控一切。有這種傾向的人通常會讓身邊的人苦不堪言。

世上沒有絕望的處境，只有對處境絕望的人

小莉在文章中寫道，從小父母很少認可和讚美自己，雖然她從小學到高中一直是學霸，常常考第一名，考上的中學也是明星學校。到了高一那年，她突然不知道學習的意義到底是什麼。每次考試她都卯足了勁往最高的名次衝，因為她要是考了第二名，家人就會問她怎麼沒能考第一；考了第一，家人又會說她字寫得不像樣。總之，父母除了每天在她耳邊念叨「考大學、考大學、考大學」外，就只剩下指責、打擊，從無鼓勵。但考大學到底是為了什麼？年少的她所擁有的智慧根本無法解答這個問題。當時的她只覺得自己的價值很低，卑微如塵土，不久便憂鬱了。

一次偶然的機會，她在健身房裡揮汗如雨後，發現自己釋放了很多東西。她也發現，雖然自己無法控制外面的世界，但可以控制自己的身材。從此，她的「全能自戀」找到了新的方向，她不再憂鬱了，還因此變得更漂亮。

人生不如意事十有八九，沒有誰的人生是一帆風順的。無論是誰，他總會遇到各種困難，總會有感覺無能為力的時候。唯一不同的是，有人遇到困難後就此放棄，一潰千里，從此退縮成為一名受害者；而像小莉這類人，卻把困難變成了激勵自己成長、改變的機會。就像你前行道路上的一塊石頭，有人認為它是絆腳石，而有些人卻把它踩在腳下，讓它成為自己拾級而上的階梯。石頭只是石頭，是「絆腳石」還是「墊腳石」，這並不是由石頭本身決定，而是由你

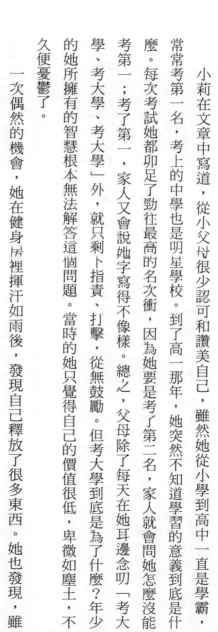

自己決定。

在小莉的世界裡，「全能型自戀」又怎樣？既然那麼想去控制，與其去控制這個世界、控制身邊的人，不如把這份控制力用來掌控自己，於是她的身材被掌控得越來越好，還家庭美滿、事業有成。

這個世界上沒有絕望的處境，只有對處境絕望的人。「全能型自戀」並不可怕，生病也一樣。有人認為疾病是來折磨自己的，一生病就萎靡不振，抱怨上天對自己不公平；有的人則因為生病，開始思考生命的意義，開始關注健康、關注心情，後半生反而過得快樂、充實。勵志演講家力克・胡哲也是這樣，他學會用上帝的眼光看待自己，開始接納自己沒有四肢的事實，並透過努力成為全球著名的勵志演說家，還擁有了婚姻和家庭。

問題本身不是問題，如何面對才是問題

有人因為生意失敗，就一蹶不振，抱怨市場的殘酷、指責對手的陰暗，在渾渾噩噩中醉生夢死。但有人卻在黑暗中摸索和進取。

也許你也試過減肥但沒成功，我知道你有很多理由，諸如自己的體型是遺傳的、生活壓力大沒時間、要帶孩子、沒有錢……失敗者和成功者都一樣聰明，不同的是，失敗者用聰明去找藉口，而成功者則用聰明去找方法。

小莉能保持好身材不僅是因為天天健身，更重要的是，她能夠把所謂的「負面」轉化為

「正面」。**事情本身並沒有任何意義，所有的意義都是我們賦予的。**就像她在書裡說的：「**如果過去無法修復，你可以選擇重活一次。**」

現在的她，最大的魅力不是出眾的美貌，也不是她健康的身材，甚至不是她在自媒體上所取得的成就，而是她從未熄滅的「對生命和生活美好本質」的熱忱與追求。

我寫下小莉的故事，是想讓更多人明白，**你現在遇到的所有問題，都是你的資源。**全能型自戀不丟人，低自我評價不丟人，你身上的所有缺點也都不丟人，真正丟人的是你一直試圖去逃避它。只要你像小莉那樣能夠從所謂負面的事情中找到其正面意義，你一定能夠像破繭的蝴蝶一樣，出落得更加美麗動人。

正如美國著名心理學家薩提爾女士說的：「**問題本身不是問題，如何面對問題才是問題。**」所以，肥胖不是問題，如何面對肥胖才是問題。肥胖，也許是上天給你出的一道考題，如果你能考過這一關，你的人生一定也會像小莉那樣，越活越精采！我也相信，總有一天，你會喜歡鏡子裡的自己。

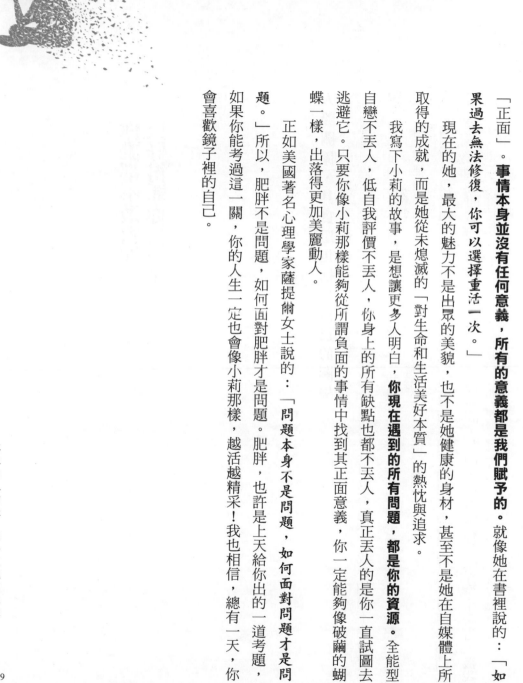

你誰都不敢得罪，只好得罪你自己了

人際關係，其實還包括和自己的關係

管理一個團隊需要維護基本的秩序，管理一個微信群組也不例外。我曾加過不少微信群組，但大多因為疏於管理而變成廣告群組，我只好退出。很多群組管理員都是一腔熱血建群組，到了要維護規則時，卻拉不下臉，害怕得罪人，最後只能不了了之。

幾年前，我發願培養一班新生代實用心理學導師，開了兩個導師微信群組，方便導師們互相交流，截至目前已經有超過五百人加入。前段時間，其中一位導師在群組裡發小廣告，被我請出群組，不少導師問我：「團長，你不怕得罪他嗎？」

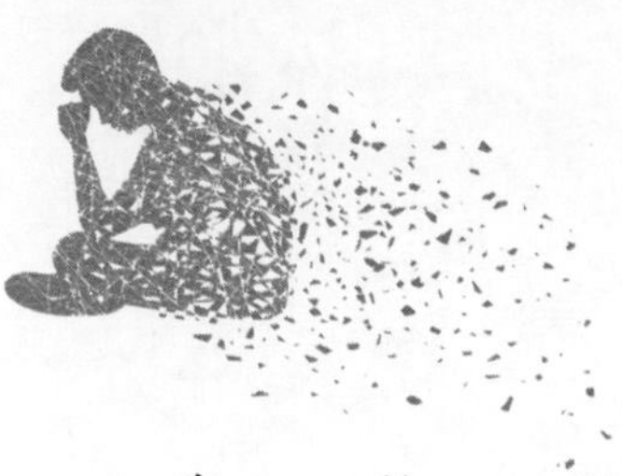

我說：「我不得罪他，就得罪了群組裡的其他四百多人，包括我自己。」很多人並不明白我表達的意思是什麼。在這裡，我想和大家說說得罪人的問題。

先跟大家分享一個案例。曾經，我們舉辦了一場千人心理學大會。大會開始前，每個流程環節都要彩排，以確保大會順利進行。但是，輪到舞蹈彩排時，領隊卻不見人影。我找來負責聯繫舞團的同事詢問緣由，他特別為難地對我說：「團長，他有事，要中午才能到。」我一聽就火大了，下午兩點大會開幕，中午才到，如何彩排？我問他為什麼不要求對方早點到，他很為難地向我解釋，說對方是客戶，不好強行要求，怕得罪了他。

「你怕得罪他，就不怕得罪我嗎？不怕得罪參加大會的一千多位來賓、全公司的同事嗎？如果因為這個環節出了問題，影響整個大會的開幕，這個責任誰負？」我很生氣地反問他。從他那委屈的眼神和無言以對的表情中，我可以看出，他誰都不敢得罪，只好得罪他自己了。

最後我自己打電話給領隊，他說馬上趕來。其實對方根本就沒什麼大事，只是我們的同事不敢提出要求而已。

在這個世界上，人際關係的確是一件讓人費神的事情。有人認為，面面俱到、處處和諧才是最好的人際關係。真的嗎？

人際關係其實包括三個元素：環境、他人和自己。一般人所理解的「關係」，只是和環境的關係及和他人的關係，很少會顧及**和自己的關係**。

什麼叫作「和自己的關係」呢？少年成名的作家蔣方舟分享自己的經歷時說，有個朋友問自己，有沒有跟人產生過真實的關係。**她疑惑什麼是真實的關係。朋友說：你可以跟這個人吵**

架，可以把自己最不堪的一面暴露給他。

她想了想，說自己沒有跟任何人產生過這種真實的關係。她害怕衝突，害怕別人不高興，一般都會迎合討好，即使內心不同意別人的看法，也會假意接受，不會表達真實的感受和情緒。

這讓我不禁想到另一位才女張愛玲曾說過的一句話：「**見了他，她變得很低很低，低到塵埃裡。但她心裡是歡喜的，從塵埃裡開出花來。**」這句話本用來形容愛情中美好的幻象，但也可以形容我們與他人接觸時的一種應對姿態。可惜，大多數人只是放任自己低到塵埃裡，卻沒能開出花來。

討好了他人，卻犧牲了自我價值

家庭治療大師薩提爾認為，一個人早年生命中與人互動的經驗，會形成他之後面對壓力的慣性。她把這些不同的因應方式歸納為四種求生存姿態，即：指責、超理智、打岔及討好。

上面我們討論的案例就是典型的「討好」。討好的姿態不是所謂的「諂媚」，而是指一個人經常忽略或強壓自己的想法或需求，努力去配合他人，在他的世界裡，有他人、有環境，**唯獨忽略了他自己。**

一個習慣用討好姿態回應的人，在小時候就是一個乖寶寶、模範生；長大後受朋友歡迎，為人溫和、善良、包容、不計較、好相處等，是大家眼中的「老好人」。

如果孩子知道，表現得乖巧、懂事就會被父母喜歡，那孩子很可能就會刻意去表現得特

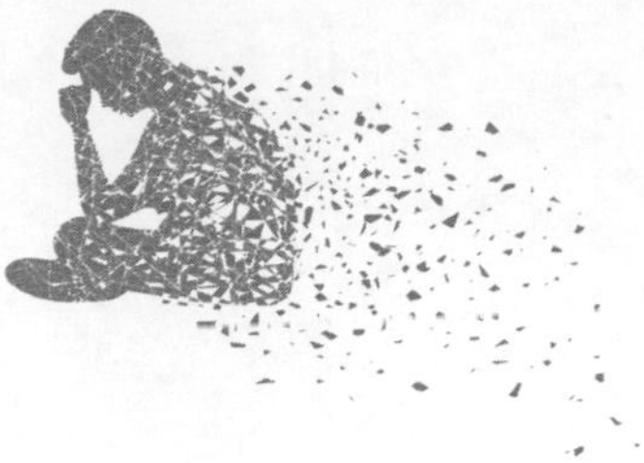

別乖巧、懂事，以此來討好父母，獲得父母更多的愛。工作中，很多人也會為了獲得更高的收入、謀得更高的職位，而不斷討好公司的主管。然而，當我們過度用討好的方式與人相處時，必然長期犧牲自己的需求，也失去對自我的信心。因為**這樣的討好是以犧牲自我價值為代價的，它否定人的自尊，並傳達給人們這樣的訊息：我是不重要的。**

討好他人的時候，人們的內心獨白往往是：我不值得一提，我不值得被愛；我不能冒犯別人；全是我的錯……

薩提爾女士獨創了一種叫作「雕塑」的方法，她透過誇張的軀體姿勢來讓人們切實感受到自己的內在。**典型的討好姿態是：單膝跪地，向上伸出一隻手，另一隻手則緊緊捂住胸口。**如左圖所示：

你誰都不敢得罪，只好得罪你自己了

看到這樣的姿勢，也許你會心裡一緊，覺得很不舒服。雖然我們在日常生活中不太可能會跪下來請求別人，但內在的自己卻一直都這樣跪地不起。這樣的代價是：

一、無法獲得他人的尊重，甚至會招致別人的輕視或厭棄。

二、不斷壓抑自己的憤怒，當人們的憤怒不能指向外界時，便會指向自身，容易患上腸胃疾病、潰瘍、腹瀉、便祕和嘔吐等，嚴重的甚至會引發憂鬱情緒，或導致自殺。

你不願意得罪眼前人，很可能正在得罪更多的人

如果你覺察到自己有這樣的模式，該怎麼辦呢？前文說過，人與人的關係包括三個元素：他人、環境及自己。在關係中，這三者缺一不可。如果能同時照顧到這三方的需求和感受，薩提爾女士稱為**「一致性」**。

討好的模式就是在與他人互動時，只關注到了他人和環境兩個因素，卻忽略了自己。所以，只要能夠把「自己」放回到應有的位置，同時看到經常被自己忽略的自我的需求，並適當地表達出來，就可以讓自己跳出這個模式，走向你好、我好、大家好的「一致性」整體平衡。

以舞蹈彩排的事件為例，當舞團領隊拒絕同事的彩排要求時，我的同事忽略了自己的需求，滿足了領隊的需求，這就是典型的討好。如果當時他能夠大膽地跟領隊說：「我知道你可能有重要的事情，無法在上午過來彩排（**關注到對方**）。只是，這場大會對我們很重要，我們

一年才辦一次，並且有一千多人參加，任何閃失都會影響我們公司的形象，那樣的話，老闆會批評我沒做好，我也無法面對全公司的同事（關注自己）。你能否把你的事情做些調整，以我們這邊的彩排為優先（關注環境，提出解決方案）？」

也就是說，當你在與人相處時，能夠照顧到別人的需求和感受，同時又能照顧到自己的需求和感受，且符合當時的環境條件，這就是我們常說的「動之以情，曉之以理」。既滿足了自我的需求，又能與他人及環境和平共處，這樣有效地溝通，又何須得罪誰呢？

薩提爾強調，人有著固定的生命力。我們的自我有沒有價值，我們能否感覺到生存的意義，我們的內心是否平靜、和諧以及喜樂，這一切，我們的內心是知道的，並且能感受得到。如果我們為了討好他人而壓抑自己，付出的可能是生命力的代價。

而且，討好只能讓你獲得表面的和諧以及短暫的利益，你不願意得罪眼前人，很可能正在得罪更多的人，包括那些重要的人，還有你自己。當你能夠把視野擴大一點，不單只看到眼前人，還能看到其他利益相關者，同時把時間的焦點由現在擴展到未來時，我想，你自然會找到一個你好、我好、大家好的處事方式。

你成為什麼樣的人，才會擁有什麼樣的成就

財富和權力，能決定一個人的層次嗎？

來上我的「教練式管理」課程的學員，基本上都是有錢人，其中有位李老闆，風光無限，身家不菲。這樣的大老闆通常是很多人崇拜的偶像。可是他私下約我做諮商時，我才知道他其實過得並不快樂。

李先生的生意做得挺大，但早已沒了當初創業時的激情。雖然現在擁有的財富好幾輩子都用不完，卻還是不得不努力工作，完全無法讓自己「停」下來。應酬、談判、出差，每天的日程都塞得滿滿的。家裡房子雖大，卻沒幾天住家裡。他說，有時候想想都不知道這麼辛苦究竟

是為了什麼。

看著他眉頭緊鎖，我大概知道他的內心深處有一個永遠都填不滿的洞，於是問他：「你這麼拚命，是想證明給誰看呢？」

一開始，他說是要證明給太太看。可即使自己已經從窮小子變成了大富豪，太太及她娘家的人好像依然看不起他，因為太太娘家是書香門第，總覺得他一個生意人沒文化。談到這些，這位身家不菲的老闆竟然流下了委屈的淚水。

委屈也是一種模式，往往是童年時就形成的。於是我用完形的手法把他帶回到過去，原來，當他還是小男孩時，父母忙於生計，把他送到了爺爺奶奶家。他總覺得是自己不夠好，父母不要他了，所以從小他就是孩子中最爭氣的一個。可不管他如何努力，都得不到父母的肯定。

李先生說，以前以為自己努力打拚取得成功後，這一切都不是問題。可是現在一切都有了，企業也做大了，在外面是挺風光的，他心裡的那個洞卻依然無法填滿。更讓他焦慮的是，他知道他的企業不可能一直發展順利，萬一哪天他的公司經營不善倒閉了，他就真的什麼都沒有了。這就是李先生一直疲於奔命的原因。

前段時間，我參加了一個心理聯盟會議，與會者都是心理界比較成功的企業家。在場的大多是在心理界奮鬥了一、二十年的資深心理人，都是踏著大風大浪走過來的，在談到心理市場的拓展時，依舊會覺得很不容易。不過，我留意到，就算他們在談論挫折和困難時，臉上都會洋溢著一種驕傲和自豪的神態。

為什麼有些人在困難面前，依然能保持激情、充滿鬥志、信心滿滿，而有的人就算身居高

位，富甲一方，卻依舊焦慮緊張、疲於奔命、毫無快樂可言？財富和權力，真的能決定一個人的層次嗎？如果不能，究竟是什麼決定了一個人的層次？

改變生命的層次，有時候一句話足矣

我們再來看一個小故事。米爾頓・艾瑞克森（Milton H. Erickson）是美國著名的心理治療師。一次，他到美國中南部的一個小城講學時，一位同伴向他求助說：「我的姑母獨自居住在一間老屋，無親無故，她患有嚴重的憂鬱症，人又死板，不肯改變生活方式，你看有沒有辦法令她改變？」艾瑞克森來到同伴的姑母家探訪時發現，這位女士比同伴形容的更為孤單，一個人關在暗沉沉的百年老屋裡，不見陽光，周圍也找不到一絲生氣。艾瑞克森請老人家帶他參觀一下她的房子。

他真的想參觀老屋嗎？當然不是，他是在找一樣東西，找尋一樣有生命氣息的東西。終於，在一個房間的窗台上，他找到幾盆小小的非洲堇——屋內唯一有活力的幾盆植物。姑母說：「我沒有事做，就是喜歡打理這幾盆小花。」艾瑞克森說：「**好極了！你的花這麼美麗，一定會讓人心生喜悅。如果你的鄰居、朋友能收到這麼漂亮的禮物，他們該有多高興啊！**」

從此之後，姑母開始大量種植非洲堇，城內幾乎每個人都收到過她的禮物。與此同時，她的生活也因此大有改變，一度孤獨無依的姑母，變成小城最受歡迎的人。她去世時，當地報紙的頭條報導稱：**全市痛失一位「非洲堇皇后」**。幾乎全城的人都去為她送葬，以感謝她生前的慷慨。

艾瑞克森的一次探訪和對話，改寫了這位老太太的後半生。其實，改變生命的層次，並不需要太多的財富與權力，有時候一句話足矣。**一句話可以打開一扇窗，可以轉換一種人生的動力，也可以讓一個人換一種活法。**

內心富足的人，必然是快樂的、平和的、幸福的

人生有兩股巨大的力量：一股是「恐懼」，另一股是「愛」。驅動我們往前走的，大多數是恐懼的力量。人們總是會根據你擁有的去評價你的人生，你有多高的成就，就有多大的價值。我們的父母也不例外，當你還沒達到他們的期望時，他們會認為你不夠好，比如你明明很努力地考到了第二名，父母還是會質問你：「為什麼不是第一名？」在這樣的恐懼驅使下，為了證明自己的價值，我們不得不拚命去爭取更大的成功。就算你擁有的已經足夠多了，你也總覺得還不夠，就像後面有一隻猛虎在追趕一樣，完全停不下來。

要肯定的是，這種恐懼的動力是強大的，它會驅使你不斷走向成功。就像你要突破世界短跑第一人波特的短跑紀錄，或許有兩個方法：一是給你更多獎金，讓你獲得更多利益；二是在你身後放一隻老虎，讓恐懼激發你更大的潛能。哪種力量能讓你更有可能破紀錄呢？無疑是第二種，大多數人都是被這種恐懼的動力所驅使而獲得成功的。

可是，當一個人因為恐懼而奮力向前奔跑的時候，即使最終成功了，這種成功會讓人感到快樂嗎？內心充滿恐懼而獲得成功無疑是痛苦的，無論你獲得了多少，都會覺得不夠，彷彿內

心有一個無底洞，永遠都填不滿。

李先生就是這樣，為了證明自己的價值，恐懼激發了他無限的動力，讓他擁有了龐大的資產，可惜無論他擁有多少，他內心的焦慮和恐懼都不會減少。這樣的人，無論他擁有多少權力和財富，我都不會認為他們能抵達人生的較高層次。

並非每次奔跑都要像被老虎追趕那樣，把自己嚇得魂飛魄散。**有一種奔跑，既充滿激情、又能愉悅心情，這就是「為愛奔跑」**。有一種人，從來就不需要去證明自己的價值，就像樹不用奮力生長去證明自己是一棵樹一樣。

「非洲堇皇后」因為艾瑞克森的一句話，激發了她內在很重要的一個動力——**我們能夠為別人去做點什麼**。當一個人願意為別人提供力所能及的幫助時，他的內心就會擁有一種更強的力量，這就是愛的力量。這種力量能充分體現一個人的價值，讓人充滿成就感。這就是心理學家馬斯洛「需求層次」（Maslows hierarchy of needs）裡的最高層次——自我實現。這種動力不是源於外在的逼迫，而是發自內心深處，由內而外迸發的一種動力。只有內心富足的人，才樂意為他人奉獻自己；而連帶地，當一個人開始為別人著想時，他的內心會逐漸豐盈、富足，因為幫助別人時，內心升起的價值感會慢慢療癒其內心的匱乏。當一個人內心富足時，愛的動力就會源源不絕，取之不盡，用之不竭。更重要的是，內心富足的人必然是快樂的、平和的、幸福的，他的人生無疑已經進入了更高的層次。

如何才能讓自己的人生上升到更高的層次？和大家分享兩個對我幫助最大的方法。

一、目中有人

心理學帶給我最大的改變，就是我學會了把焦點從「事」轉移到「人」身上。要知道，透過你做的事情去證明你生而為人的價值，這是一條心懷恐懼不停奔跑的不歸路。自從我開始把焦點從事轉移到人身上，懂得從內在改變，療癒內心的匱乏後，我的生命發生了一系列改變。內心從恐懼轉為平和，我的內在逐漸變得富足，外在也跟著發生了改變。雖然我現在的層次還很低，但我自己知道，現在比以前實在好太多了。

二、心中有愛

我們對身邊人付出愛，有可能讓這個世界變成天堂。像「非洲堇皇后」那樣，當我們開始關注他人的需求，主動去分享愛、去給予幫助時，我們的內心是平和的、富足的、充滿喜悅的。更重要的是，當你心中有愛時，你的內在會擁有源源不斷的動力。

這兩個方法其實互為因果，是一體的兩面。當我們的內心是富足的，我們就有動力去幫助別人；當我們內心匱乏時，如果我們懂得去分享愛、去給予幫助，我們的自我價值就會被喚醒，我們的生命也會因此而得到滋養。

所以，你究竟是因為恐懼而奔跑？還是為愛而奔跑？這兩種不同的動力決定了不同的人

生。當你願意選擇用愛的動力去替代原來恐懼的力量，人生會因此變得更加美好。

「非洲堇皇后」後半生的改變，是因為艾瑞克森喚醒了她愛的動力。同樣地，那些在困難面前依然泰然自若、不懼不慌的人，他們的內在是完整的、富足的。即使遇到困難，他們內心也依舊充滿力量感和幸福感，驅使他們不斷前行的是一股愛的力量。

所以，並不是你擁有什麼才成為什麼樣的人，而是你成為什麼樣的人，才會擁有什麼樣的成就。前半生，我們帶著恐懼而奔跑，是因為我們要為了生存而努力；如今，我們可以選擇喚醒愛的力量，就算這股力量沒有恐懼的力量那樣迅猛，但至少，在人生旅途的前行過程中，我們是幸福的。

大多數人的苦都是心理上的苦，都是因為內心深處的創傷未被療癒、內在的匱乏未得到滿足。李先生是幸運的，因為他選擇了心理學。在諮商中，我用了跟艾瑞克森類似的方法。我問他：「除了用事業、財富這些有形的東西證明自己的價值之外，你還可以為你的太太、父母乃至整個社會做點什麼？讓他們的生活因你而變得更加美好？」我能做的僅僅只是轉換他的內在動力，但這一轉換，足以改寫他的後半生。

人生的層次不僅僅取決於我們外在的成就，更取決於我們內在的狀態。只有由內而外富足的人生，才是高層次的人生。

困難，將照亮你前進的人生路

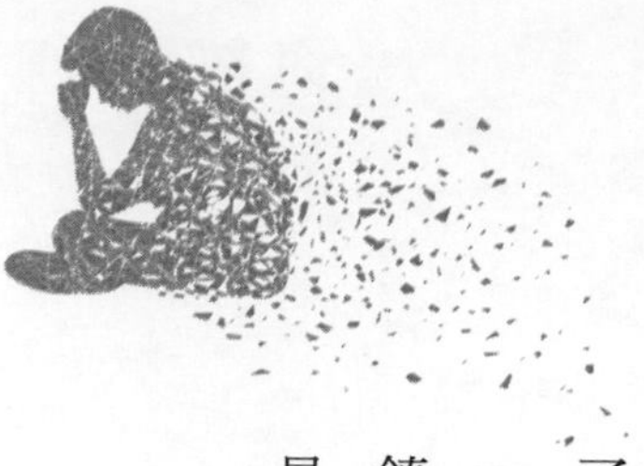

面對困難最好的方法，不一定是解決困難

人生路上難免遇到困難，在當下那一刻看來，種種情境實在讓人困窘不堪，可是如果從未來的角度回看那些曾經的困難，你也許會感謝命運的安排，因為正是這些困難給你的人生增添了別樣的精采。為什麼這樣說？

我是一個出生在農村的孩子，那個年代跳出農門的唯一途徑就是上學。當時，我所在的小鎮師資非常有限，沒有英文老師，所以我們初中三年都無法學英文。因此，大家唯一的出路就是上師範學校了，因為師範學校不用考英文。

那時候，我的成績一直在班上穩居前兩名，老師、同學，還有我自己，都認為我一定會考上師範學校的。但是等到考試成績放榜，我卻一下子傻了：全班有五位同學考上了師範學校，那裡面沒有我！

唯一的希望破滅了！我還記得那一刻的感覺：冷汗一下子從所有的毛孔衝出來，身體不受控制地顫抖，好像天塌了地陷了，心臟都縮成了一團。

之後，因為年紀太小，家裡人還是決定讓我繼續上高中。但對於一個沒有學過英文的初中生，即使上了高中，將來要怎麼考大學？現在看來，我當時沒有考上師範也並非壞事。假如我如願以償地上了師範學校，現在的我可能就是農村某所小學的一名老師。我並不是說小學老師不好，但那樣的話，我肯定就不會像今天這樣，有機會走進大都市，甚至到世界各地去拓寬視野。

面對苦難，有的人選擇放棄，放棄勇氣、愛情，甚至是生命；有的人則選擇面對，選擇承擔，選擇穿越……不同的選擇會有不同的結果，對每個人來說，現在的人生就是過去所有選擇的結果。

面對困難，我們該如何選擇呢？我們先來看一個小故事。

從前，有兩個窮秀才結伴進京趕考。大家知道，那時候可沒有汽車、火車這樣的交通工具，富家公子可以騎馬或坐馬車，窮秀才就只能一步一步走到京城了。

走著走著，兩位秀才發現前面橫著一條河。對，他們遇到困難了，要解決這個困難，他們的第一反應是找船。於是，兩個秀才約定，分別到上游和下游去找船，誰先找到船就回到原地等另外一個人。

甲秀才負責到下游去找。他來到一個村子，問村民哪裡有船，村民告訴他，村裡沒有船。

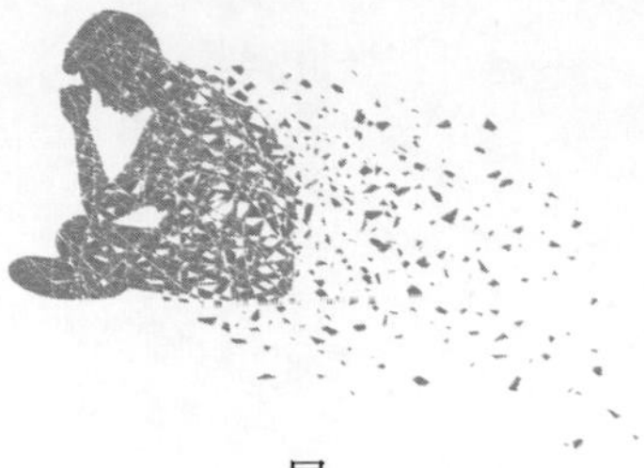

甲秀才心想，遇到困難就要解決困難，既然沒有船，就要找會造船的人。

於是他接著問村民，這附近有沒有會造船的人。

村民告訴他，隔壁村的李木匠會造船。甲秀才在村民的指引下，找到了李木匠，問他可不可以幫自己造一條船。李木匠告訴甲秀才，造船可以，但手頭沒有造船的木材。

你看，甲秀才解決問題的時候，新的困難出現了。甲秀才便問哪裡有木材，木匠告訴他離這裡八里處有一個村子，那裡盛產木材，於是，甲秀才急匆匆又走了八里路，找到那個村，買了很多好木材。但這時候又一個問題出現了：怎麼把木材運到李木匠家呢？

可以想見，當他把木材運到木匠家，等船造好，可能已經過去十幾天，甚至一個月了。

再說往上游去找船的乙秀才，他也遇到了村民，並問了同樣的問題：「哪裡有船？」

村民的回答一模一樣：「我們這裡沒有船。」

但乙秀才接著問出了不一樣的問題：

「沒有船，那你們是怎麼過河的啊？」

你看，他的焦點不在找船上，而是導向效果的——如何過河。

村民回答說：「這條河並不深，只要你往上游再走兩里路，就能涉水過河啦！我們過河都是從上游過去的。」

問題就這樣解決了，乙秀才找到了過河的方法，他回到原地等他的好朋友，自然，他是等

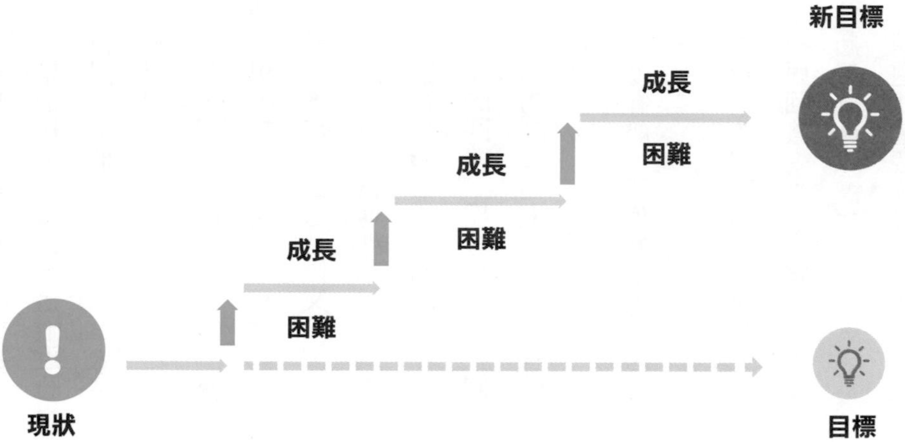

不到甲秀才的。甲秀才在哪裡呢？他可能在李木匠家，也可能在買木材的路上，可以肯定的是，他正在解決一個又一個問題。眼看天色已晚，一直等不到同伴的乙秀才只好獨自過河，進京趕考去了。而甲秀才呢，他終於解決了所有的困難，過了河，卻錯過了考試。

從這個故事中，我們清楚地看到了因應困難的兩種路徑：一、解決困難；二、尋找別的方法。

其實，有些困難根本無須解決，如果我們成長了，能力提升了，原來擋在前面的困難將不再是困難。

打個比方：對一年級的小學生來說，「34—12」是一個難題，但當這個孩子上三年級了，這個題目對他而言就根本不在話下了。「34—12」這個題目從來沒有改變，但是因為解題人的能力提升了，原來的困難就不再是困難。

可見，面對困難最好的方法不一定是解決困難。我們可以先問自己：

我想要達到的效果是什麼？

當我們清楚了想要達成什麼樣的效果，再去學習達成這個效果需要的能力，能力提升了，原來的困難自然迎刃而解。所以，我們要的是達到效果，而不是解決困難。

右頁的圖也清楚地告訴了我們，原來所設定的目標僅僅是個小目標，如果我們在遇到困難時不斷提升自己，那麼一路走下來，我們就會實現更大的目標。

是絆腳石，還是墊腳石？是由你決定的

對一般人來說，遇到困難時，通常的反應是解決困難，但是，當我們聚焦於解決困難的時候，往往會發現困難越來越多。而當你成長了，有了更多的能力、更多的資源，原來的困難也就不再是困難了。這就好像你走在路上，如果你的腳抬得不夠高，路上的某塊石頭可能就會絆倒你。但是，當你高高地抬起腳來，把石頭踩在腳下，那這塊石頭不僅不是絆腳石，還會成為你的墊腳石。當更多的石頭被你踩在腳下，它們就會疊成一個又一個台階。當你踏著這些台階不斷往前走的時候，你的人生將越走越高。

所以你人生中遇到的困難，究竟是絆腳石還是墊腳石，不由石頭決定，而是由你自己決定。人生猶如登高峰，困難猶如墊腳石。如果你選擇走一條成長之路，你遇到的所有困難就是

人生中的墊腳石，並累積成你通往成功的階梯。

大自然中的進化就是這樣的。人類之所以能從爬行動物進化為直立的高智商動物，就是因為在人類發展中遇到的一個又一個困難，觸發了人類的智慧，讓人類變得越來越聰明，走向一個又一個新的高度。因為困難，我們人類才得以進化和發展。從歷史長河來看，對人類來說，困難就是大自然賜予我們的禮物，是大自然讓我們成長、進化的一種方式。對個人來說也是如此，我們遇到的每一個困難，都是讓生命變得更好的階梯。

那麼，遇到困難的時候，我們應該怎樣把絆腳石變成墊腳石，把困難轉化成成長的階梯呢？

●首先，我們要重新定義「困難」

當我們把困難當作困難，當作需要解決的問題時，心裡就會感到沮喪，就會有無力感。而當你**用「挑戰」來替換「困難」或者「問題」**時，你就會充滿鬥志，就會擁有力量。

●其次，把焦點從困難轉移到效果上，問自己：「我真正要的是什麼？」

遇到困難的時候，避免精力消耗在「困難」本身，把心力聚焦於「目標」上。比如乙秀才，他沒有如甲秀才那樣聚焦在「解決問題」上，因為他一直很清楚，過河才是目標，進京考試才是目標。

意之所在，能量隨來。**你的焦點在哪裡，你的精力就在哪裡，你的人生就在哪裡。**如果你習慣於聚焦困難，那你的人生當然困難重重；如果你聚集於效果，那一定成就斐然。

困難不可怕，可怕的是困難遮蔽了希望

遇到困難時，當你選擇把它轉化為自我提升的挑戰，讓每一次挑戰來打磨你、觸發你能力的提升，你會遇見更美好的自己，你的人生自然會越過越好。就算是眼下一帆風順，你也可以刻意給自己一些挑戰。因為，沒有挑戰的人生是平庸的人生。

教練最善於做這樣的事情。每當你練得筋疲力盡的時候，教練都會鼓勵你繼續自我挑戰：再來一次！在一次次的挑戰下，你的身體機能一次次展現你意想不到的潛能。人生也是一樣，遇到任何困難，請你記住：這是生命給你的一個挑戰。只要你挑戰成功，意想不到的驚喜將會出現在生命的轉彎處。

如果你暫時沒有得到自己想要的，那你可能會得到更好的，前提是你選擇成長，而不是退縮，不是逃避。正如印度哲學家泰戈爾所說：「**你今天受的苦、吃的虧、擔的責、扛的罪、忍的痛，到最後都會變成光，照亮你的路。**」因此，我想對那些落榜的孩子和正在遭遇困難的朋友們說：暫時的困難並不可怕，可怕的是放棄，是困難遮蔽了所有的希望。

你拚命追求的，可能只是你的「安撫奶嘴」

想要不斷占有，其實是內心缺乏安全感

我從一篇文章中學會了一個新字：「tittytainment」，這個字由titty（奶頭）與entertainment（娛樂）兩個英文單字組合而成，中文譯為「奶頭樂」，又稱為「奶頭娛樂」。文章認為人的生活一旦被大量娛樂內容所充斥，就像嬰兒只要含住奶嘴便能滿足一樣，就會不願深入學習，慢慢喪失學習的熱情、抗爭的欲望和思考的能力。

我想到了另一個現象：「安撫奶嘴」除了會讓人滿足於一些膚淺的娛樂而不思進取外，也會讓人疲於奔命去追逐看似重要的東西，反而失去了生活的樂趣。就像名車、豪宅、名譽、地

位等，人們為了得到這些東西，不惜犧牲生活品質，有的人甚至連命都搭上了。其實這些讓人苦苦追逐的，只不過是一個「安撫奶嘴」而已。

生活中，我們經常看到小孩子嘴裡含著一個塑膠製的「安撫奶嘴」，這個奶嘴的作用就是滿足孩子口腔期對安全感的需求。這個時期的孩子喜歡把所有的東西都往嘴裡送，如果強行拿掉，孩子立刻就會又哭又鬧，讓父母不得安寧。

其實無論是孩子還是成人，當他缺乏安全感時，就會想要占有一些東西，也許是一些具體或非具體、有形或抽象的物品。這個「被占有物」的作用就像小孩的安撫奶嘴一樣，能帶給我們安全感。只是**這樣的安全感雖然看起來幸福或溫暖，但無形之中會成為牽絆住你、讓你疲於奔命還「樂此不疲」的繩索，緊緊地控制和束縛住你，讓你失去自由。**

很多人都聽過這個故事：中國老太太和美國老太太離世後，在天堂相遇，中國老太太感嘆死前省吃儉用，總算存夠錢，買了一間房子，可是剛剛裝修完，還沒來得及住就上了天堂，這輩子算是白做了；而美國老太太則很滿足地說，自己二十年前貸款買了一間房子，房子雖然不能說已經屬於自己，但也幸福地住了二十年。

這個故事充分說明了大多數中國人的買房觀念。我以前看過一篇報導，說在廈門買一間房子，如果用來出租，要一百多年才能收回成本。但為什麼還有那麼多人爭先恐後地買房呢？因為對很多人來說，有了房子，就有了歸屬感，有了家的感覺，不再感覺自己是無枝可依的孤獨候鳥。房子對於他們來說，就像嬰兒的安撫奶嘴一樣，嘴裡含著它，才會感覺到安全。

除了房子，生活中還有很多有形或無形的東西，它們像「安撫奶嘴」那樣讓我們想方設法從中尋找安全感。但其實任何看似堅固的東西，都不可能帶給我們永久的安全感。

你要的安全感，別人給不了

有一門學問叫「九型人格」，它把人的性格分成九種類型，每一種性格又分為三個子類，分別是點一、點二和點三。

●**點一的人：把生存放在第一位，所以又叫「自保型」**

他們需要擁有足夠多的資源，才能確保自己的生存安全。每到一個群體或陌生的環境，他們首先會占領有利的位置、占據有利的資源。這些資源通常屬於物質類或可以用貨幣來衡量。對他們來說，生存好像隨時都會受到威脅似的，只有擁有了更多資源，人生才會更安全。所以屬於這個範疇的人，他們的「安撫奶嘴」很容易辨識，就是那些能確保獲得更多生存機會的物質或權力。他們的幸福感取決於他們所擁有的東西，得之則喜，失之則憂。只不過，**占有欲是個無底洞，對大多數人來說，欲望永遠都不會有滿足的時候，所以他們終其一生都在苦苦追逐。**

●**點二的人：在社交場合很難同時跟很多人交往**

他們更傾向於找一個聊得來的人，與對方發展一段一對一的關係。這類人看似對物質、權力這些能夠給人帶來安全感的東西不感興趣，好像挺有安全感的。但其實這是錯覺，他們只是把安全感寄託在了某個人身上，只要跟這個人保持良好的關係，他就感覺安全；反之，如果他失去了這段關係便會痛不欲生。這類人在關係上很容易受苦，因為人是很難控制另一個人的。而你要的安全感，別人也給不了。**把安全感完全寄託在另一個人身上，你的人生無疑活得十分被動。**

●點三的人：更喜歡與他人建立一對多的關係，又稱為「孔雀型」

與點二傾向建立一對一的關係不同，點三的人更喜歡與他人建立一對多的關係。人類曾經生活在原始森林，試想一下，如果你的周圍總有一群人圍繞著你，即使突然有獅子、獵豹等猛獸向你襲來，你也不會太過擔心，因為你還有眾多同伴。所以對於點三的人來說，需要有很多人在身邊，他才會感到安全。為了吸引更多的人來到身邊，他需要全力展現自己的人格魅力，就像孔雀開屏一樣，所以這種類型的人又稱為「孔雀型」。他們需要更多的成就感和關注度，但**他們出讓了自己的情緒開關，喜怒哀樂的鑰匙全都交給了別人；他們也十分注重他人對自己的評價，別人的一句話可以讓他如置身天堂，也可以瞬間送他下地獄。**

當然，讓自己生活得更安全，這是動物進化的結果。越高等的動物，越知道如何確保自己更安全。追求更安全的生活環境，這沒有任何問題，問題是很多人的生活已經很安全了，卻依舊沒有安全的感覺，這是內心匱乏所致，與真正生存中的安全需求已無太大關係。當我們需要透過占有才感覺安全時，我們很容易就會被別人和環境所操控。而那些我們拚盡全力去占有的東西，其實跟嬰兒的安撫奶嘴一樣，除了能讓我們獲得心理上的安全感外，並無多大的價值。可是為了得到它，我們卻要付出沉重的代價，為它疲於奔命，痛苦一生。

當你感覺恐懼和不安時，就很容易被利用和操控

為了讓大家理解得再深入些，我分享一個真實的案例。

大約十年前，一個偶然的機會，我認識了一位培訓師，他年紀輕輕就開始到處講學，六天的課程收費卻高達二十萬元[11]。我好奇地問他：「那麼貴的課程，你們是怎麼招生的呢？」

他用小菜一碟的口吻對我說：「嘿，這有什麼難，只要你抓住顧客的恐懼，就很簡單。」他跟我講了一個例子：有一天，他在一間五星級飯店的洗手間上廁所，一位男士與他並排，對方方便完後打了一個冷顫，精通中醫的他一看就知道對方有腎虧的跡象，於是推想對方性生活也許並不和諧。他輕輕地對那位男士說：「你不擔心你老婆出軌嗎？」

對方很驚訝地看著他，被他的唐突和無禮激怒，大聲質問：「你說什麼？」

他馬上道歉：「不好意思，如果我說錯了，對不起。但如果有需要我幫助的，可以到大廳等我。」過一會兒，他經過大廳，那位男士果然在等候著他，並好奇地問他是怎麼知道自己的困惑的。

因為戳中對方要害，他的一句話已經輕易地控制了一個人。當然，我十分鄙視這樣的銷售行為，只是想藉這個案例告訴各位朋友，**當你感覺恐懼和不安時，就很容易被利用和操控。如果你看不見自己的不安全感，就算沒有具體的人來操控你，你也會淪為物質或環境的奴隸。**

我再跟大家分享一個故事：

猴子非常靈敏，人類很難將其抓捕，於是想了個辦法，在有縫隙的籠子裡放一根香蕉。為了吃到香蕉，猴子會把手伸進鐵籠裡，可一旦握住了香蕉，拳頭變大，猴子就無法將手從籠子的縫隙中抽出。

你也許會想：猴子真傻，放掉香蕉，不就可以抽離了嗎？只可惜，再機靈的猴子也不願放掉手中的香蕉，只會任由自己在鐵籠邊拚命掙扎，給了人類將其抓捕的大好時機。

不管你是**在物質的欲望中掙扎**（點一），還是**在人際關係中苦不堪言**（點二），又或是**拚命追求那些虛無縹緲的認同和榮譽**（點三），這些看起來能給你帶來安全感的東西，其實都是猴子手中不願意放開的香蕉，它未必會讓你致命，但足以讓你失去自由。

看看你正在追逐的吧，很可能它們就是你的「安撫奶嘴」。

11 編註：此為人民幣，合台幣近九十萬元。

我並不關心你在哪裡生活或者你擁有多少金錢，
我想知道，在一個悲傷、絕望、厭煩、受到嚴重傷害的夜晚之後，
你能否重新站起，為孩子們做一些需要的事情。
我並不關心你是誰，你是如何來到這裡，
我想知道，你是否會同我站在火焰的中心，毫不退縮。

我並不關心你在哪裡受到教育、你學了什麼或者你同誰一起學習，
我想知道，當一切都背棄了你時，是什麼在內心支撐著你。
我想知道，你是否能孤獨地面對你自己，
在空寂的時候，你是否真正喜歡你結交的朋友。

——**丹娜・左哈／伊恩・馬歇爾**（Danah Zohar／Ian Marshall），〈你為生活做些什麼，我不關心〉

你為生活做些什麼，我不關心；
我想知道，你的渴求，你是否敢於夢想那內心的渴望。
你的年齡多大，我不關心；
我想知道，為了愛，為了夢，為了生機勃勃的奇遇，
你是否願意像傻瓜一樣冒險。

我不關心，是什麼磨圓了你的稜角；
我想知道，你是否已觸及自己悲哀的中心，
是否因為生活的種種背叛而心胸開闊，
抑或因為害怕更多的痛苦而變得消沉和封閉！
我想知道，你是否能夠面對痛苦　　我的或者你自己的，
用不著去掩飾，使其消退或使其凝固。

我想知道，你是否能安享快樂——我的或者你自己的，
你是否能充滿野性地舞蹈，讓狂喜注滿你的指尖和足尖，
而不告誡我們要小心、要現實、要記住人的存在的局限。

我並不關心你告訴我的故事是否真實，
我想知道，你是否能為了真實地面對自己而不怕別人失望，
你是否能承受背叛的指責而不出賣自己的靈魂。
我想知道，你是否能忠心耿耿從而值得信賴；
我想知道，你是否能保持精神飽滿的狀態——即使每天的生活並不舒心，
你是否能從上帝的存在中尋求自己生命的來源。
我想知道，你能否身處頹境，卻依然站立在湖邊對著銀色的月光喊出一聲「真美」！

國家圖書館預行編目資料

別人怎麼對你，都是你教的／黃啟團著. --初版. --臺北市：寶瓶文化, 2019.12, 面； 公分. --(Vision；188)
ISBN 978-986-406-173-0(平裝)
1.人際關係

177.3 108018282

Vision 188

別人怎麼對你，都是你教的

作者／黃啟團

發行人／張寶琴
社長兼總編輯／朱亞君
副總編輯／張純玲
主編／丁慧瑋　編輯／林婕伃
美術主編／林慧雯
校對／丁慧瑋・陳佩伶・林俶萍
營銷部主任／林歆婕　業務專員／林裕翔　企劃專員／李祉萱
財務／莊玉萍
出版者／寶瓶文化事業股份有限公司
地址／台北市110信義區基隆路一段180號8樓
電話／(02)27494988　傳真／(02)27495072
郵政劃撥／19446403　寶瓶文化事業股份有限公司
印刷廠／世和印製企業有限公司
總經銷／大和書報圖書股份有限公司　電話／(02)89902588
地址／新北市新莊區五工五路2號　傳真／(02)22997900
E-mail／aquarius@udngroup.com

法律顧問／理律法律事務所陳長文律師、蔣大中律師
如有破損或裝訂錯誤，請寄回本公司更換
著作完成日期／二〇一九年六月
初版一刷日期／二〇一九年十二月二日
初版十七刷日期／二〇二四年四月二十六日
ISBN／978-986-406-173-0
定價／三七〇元

Published by Aquarius Publishing Co., Ltd.
Printed in Taiwan.

AQUARIUS 寶瓶文化事業

愛書人卡

感謝您熱心的為我們填寫，
對您的意見，我們會認真的加以參考，
希望寶瓶文化推出的每一本書，都能得到您的肯定與永遠的支持。

系列：Vision 188　**書名：別人怎麼對你，都是你教的**

1.姓名：＿＿＿＿＿＿＿＿　性別：□男　□女

2.生日：＿＿＿年＿＿＿月＿＿＿日

3.教育程度：□大學以上　□大學　□專科　□高中、高職　□高中職以下

4.職業：＿＿＿＿＿＿＿

5.聯絡地址：＿＿＿＿＿＿＿＿＿＿＿＿＿＿＿＿＿＿＿＿＿＿＿

聯絡電話：＿＿＿＿＿＿＿＿　手機：＿＿＿＿＿＿＿＿

6.E-mail信箱：＿＿＿＿＿＿＿＿＿＿＿＿＿＿

□同意　□不同意　免費獲得寶瓶文化叢書訊息

7.購買日期：＿＿＿年＿＿＿月＿＿＿日

8.您得知本書的管道：□報紙／雜誌　□電視／電台　□親友介紹　□逛書店　□網路　□傳單／海報　□廣告　□其他

9.您在哪裡買到本書：□書店，店名＿＿＿＿＿＿　□劃撥　□現場活動　□贈書

□網路購書，網站名稱：＿＿＿＿＿＿＿　□其他＿＿＿＿＿＿

10.對本書的建議：（請填代號　1.滿意　2.尚可　3.再改進，請提供意見）

內容：＿＿＿＿＿＿＿＿＿＿＿＿＿

封面：＿＿＿＿＿＿＿＿＿＿＿＿＿

編排：＿＿＿＿＿＿＿＿＿＿＿＿＿

其他：＿＿＿＿＿＿＿＿＿＿＿＿＿

綜合意見：＿＿＿＿＿＿＿＿＿＿＿＿＿＿＿＿＿＿＿＿＿＿＿＿＿＿＿＿

11.希望我們未來出版哪一類的書籍：＿＿＿＿＿＿＿＿＿＿＿＿＿＿＿＿

讓文字與書寫的聲音大鳴大放

寶瓶文化事業股份有限公司

（請沿此虛線剪下）

廣　告　回　函
北區郵政管理局登記
證北台字15345號
免貼郵票

寶瓶文化事業股份有限公司　收

110台北市信義區基隆路一段180號8樓
8F,180 KEELUNG RD.,SEC.1,
TAIPEI.(110)TAIWAN R.O.C.

（請沿虛線對折後寄回，或傳真至02-27495072。謝謝）